大学改革支援・学位授与機構
高等教育質保証シリーズ

高等教育機関の矜持と質保証

多様性の中での倫理と学術的誠実性

独立行政法人
大学改革支援・学位授与機構 編著

ぎょうせい

まえがき

　日本の高等教育は、ユニバーサル段階に突入しています。ユニバーサル段階の高等教育の力の源泉は「多様性」であり、「グローバル」と「イノベーション」をキーワードとして、国際社会の将来を背負っていく若者を育成することが高等教育に求められています。

　高等教育機関は、高等教育の場であり、かつ学術研究の場です。高等教育機関としての矜持（rectitude, virtue）をもって教育研究を推進しなければなりません。このことは、機関の責任のあり方に対して特殊な様相を付与しています。すなわち、普遍的な価値としての真理の探求をその目的に掲げつつも、機関におけるさまざまな実践、それを制約したり賞賛するための規則、行動規範は、その機関が置かれた社会的文脈によって決定されざるを得ません。前者は学術の基礎（倫理、ethics）ですが、後者の文脈はその実現を常に脅かすことになります。前者の価値を優先して考えることが学術的に誠実な立場であるとすれば、このような脈絡から「学術的誠実性（academic integrity）」の問題として扱うことができます。

　これらの問題は、高等教育の質保証という課題を新しい観点から見直すことを求めています。複雑に入り交じる利害関係者の間の異なる規範の相反関係が、流動する現代の脈絡に置かれている高等教育機関の営為を評価するという作業の中では、学術的な観点を無条件に最優先することがますます困難になっています。したがって、現段階における倫理と学術的誠実性の問題を高等教育の質保証という課題に則して整理することは、必要かつ有意義です。

　大学改革支援・学位授与機構（National Institution for Academic Degrees and Quality Enhancement of Higher Education, NIAD-QE、以下「機構」と略します。）は、1991年（平成3年）に学位授与機構として設置され、大学評価・学位授与機構への改組（2000年）、独立行政法人化（2004年）を経て、2016年（平成28年）に独立行政法人国立大学財務・経営センターと統合しました。

　機構は、大学評価・学位授与機構および国立大学財務・経営センターの発

足以来、評価事業、学位授与事業および施設費等の貸付・交付事業を通じて、大学等の教育研究水準の向上に資するとともに、高等教育段階における多様な学修の成果が適切に評価される社会の実現を図り、わが国の高等教育の発展に貢献する活動を進めてきました。このように評価事業を遂行するだけではなく、社会全体に「評価文化」の醸成・定着を図る役割も担ってきました。機構はいくつかの活動を定期的に行ってきましたが、大学評価・学位授与機構大学評価シリーズの発刊は、重要な活動の一つであり、2006年以来全6巻となりました。

　さらに、2017年から高等教育質保証シリーズとして、第一巻ではグローバル化・国際化が急速に進展している現代社会におけるグローバル人材教育のあり方とその質保証について解説しました。高等教育は、次世代の社会を背負う人材を育てる責務を負っているわけですから、この第二巻では、社会環境が激変する中で、高等教育機関がもつべき矜持について、質保証という視点から議論します。

　2019年9月

　　　　　　　　　　　　独立行政法人　大学改革支援・学位授与機構
　　　　　　　　　　　　　顧問・名誉教授　　川　口　昭　彦

目　次

まえがき

第一部　高等教育機関の倫理

第1章　高等教育が期待される社会環境 …………………… 3
- 第1節　ユニバーサル段階の高等教育／3
- 第2節　日本の雇用環境の変化と人生100年時代／6
- 第3節　高等教育機関としての矜持／8

第2章　「知識の使い方」の教育研究：分野横断的教育研究 ……… 12
- 第1節　科学者の社会的責任／12
- 第2節　教育の質保証／16
- 第3節　専門職大学／21
- 第4節　学習成果の時代の倫理／30
- 第5節　普遍的な価値としての真理の探求／35

第3章　濃密な人材養成：10年スパンで物事を考える ………… 41
- 第1節　本音主義の台頭／41
- 第2節　濃密な人材養成／46
- 第3節　大学と社会のポジショニング／49
- 第4節　学習成果／53
- 第5節　研究に基盤を持った教育／57

第4章　教育材のグローバル化 …………………………… 62
- 第1節　教育の神髄は？／63
- 第2節　高等教育のグローバル化／65
- 第3節　グローバルとローカルそしてリベラル・アーツ／69
- 第4節　学習成果／74

i

第二部　学術的誠実性

第1章　学業不正 …………………………………………………… 83
- 第1節　外注型不正：MyMaster事件／84
- 第2節　外注型不正行為は増えているのか／88
- 第3節　どうすれば良いのか：TEQSAとQAAの対応／90
- 第4節　「学術的誠実性」とは何か？／93
- 第5節　日本における学術的誠実性と学習成果測定における不正行為／96
- 第6節　わが国の大学における成績評価の公正性と質保証／104

第2章　大学スポーツ：ノースカロライナ大学チャペルヒル校事件 … 109
- 第1節　経緯／109
- 第2節　南部大学・学校協会は何をやっていたのか？／113
- 第3節　全米大学運動協会は何をやっていたのか？／116

第3章　研究という大学の使命と誠実性 …………………………… 121
- 第1節　軍事研究／124
- 第2節　研究不正／129

第4章　まとめ：大学における学術的誠実性を脅かすもの ……… 136

第三部　高等教育の流動性が抱える課題

第1章　ディグリー・ミル、アクレディテーション・ミル ……… 141
- 第1節　ディグリー・ミル／142
- 第2節　アクレディテーション・ミル／143
- 第3節　ハゲタカジャーナル（ジャーナル・ミル）／146
- 第4節　研究者自身の誠実性／148

第2章　"Qualifications"とインテグリティ
　　　　　―国家資格枠組に期待される役割― ……………… 153
- 第1節　"Qualifications"とは何か？／154
- 第2節　学習成果を高めるための国家資格枠組／155

第 3 節　欧米諸国の事例／156
第 4 節　日本への示唆／164

参考文献・資料 …………………………………………………………169

あとがき

執筆者等一覧

※本書の《注》に掲げた各ウェブサイトの最終アクセス日は2019年 9 月20日

第一部

高等教育機関の倫理

第一部　高等教育機関の倫理

　グローバル化や高度情報化が急速に進み、社会構造が大きく変わりつつあります。しかも社会情勢がめまぐるしく変化して、課題も複雑化していくとともに、職業のあり方や働き方、個人の価値観や考え方なども多様化しています。高等教育はユニバーサル段階に達して、世界の各国で職業教育を含めた高等教育に対する期待が高まっています。このように、高等教育の環境が激変するとともに、社会の多様なニーズに対応できる人材を育成することが渇望されています。

　今日の国際社会では、各国や各地域の間で、政治、経済、社会、文化などのあらゆる面において熾烈な競争が繰り広げられています。人や情報が自由に国境を越えてしまう現在では、多種多様な情報をいかに活用できるかが、国や地域のみならず組織や個人の国際競争力を規定してしまいます。高等教育機関における知の創造、継承あるいは発信が、社会にとって必要不可欠であり、国際社会や国の存亡にも関わっています。高等教育は、個人の人格形成の上でも、社会・経済・文化の発展・振興や国際競争力の確保などの国家戦略の上でも、きわめて重要です。

　高等教育機関は、高等教育の場であり、かつ学術研究の場です。高等教育機関としての矜持（rectitude, virtue）をもって教育研究を推進しなければなりません。すなわち、普遍的な価値としての真理の探求をその目的に掲げつつも、機関におけるさまざまな実践、それを制約したり賞賛するための規則、行動規範等は、その機関が置かれた社会的文脈によって決定されざるを得ません。前者は学術の基礎（倫理、ethics）ですが、後者の文脈は、その実現を常に脅かすことになります。前者の価値を優先して考えることが学術的に誠実な立場であるとすれば、このような脈絡から「学術的誠実性（academic integrity）」の問題として扱うことができます。この第一部では、教育機関の倫理について議論し、学術的誠実性については第二部で解説します。

第1章

高等教育が期待される社会環境

　21世紀は「知識社会」と言われるとともに、第四次産業革命（情報革命、AI革命）が急速に進行しています。知識や技術は日進月歩の進化を続け、産業の高度化が急速に進んでいます。新しい産業・職業が次々と生まれる一方で、今ある職業の多くが、近い将来、新しい職業に入れ替わっていくことを想定しなければなりません[1]。さらに、多くの仕事がコンピュータに置き換えられ（たとえば、20年後にはアメリカ合衆国における現在の雇用の50%以上がコンピュータに代替される[2]）、人が担う仕事の領域も変貌していくと予測されています。

　「グローバル」と「イノベーション」という言葉が、今や氾濫しています。さらに、あらゆる面で熾烈な競争が繰り広げられています。高等教育機関も、このような競争社会と無縁でいることはできませんし、目先の事態への対応に追われてしまうことは避け難いことかもしれません。しかしながら、競争社会を乗り超えて、数十年先の社会に貢献する若者を育成することこそが高等教育機関の責務です。

第1節　ユニバーサル段階の高等教育

　日本の高等教育は、ユニバーサル段階に突入しています。表1-1（p. 4）は、1970年代にMartin Trowが提唱した高等教育の発展過程モデル[3]です。高等学校新規卒業者の50%以上が大学に入学しますから、エリート段階と比較して、学生の学習歴やニーズ（教育に期待するものや目的観など）が極端に多様になっています。さらに、上述のような知識や技術の日進月歩の進化が、高等教育の内容・方法までも多様化を求めています（表1-2、p. 4）。

表1-1　Martin Trowが提唱した高等教育の発展過程モデル

高等教育進学者数（該当年齢人口に占める高等教育在籍率）の増加という量的な変化が、高等教育の質の変容をもたらす。
・エリート型：在籍率が15%まで
・マス型：在籍率が15～50%
・ユニバーサル（・アクセス）型：在籍率が50%以上

表1-2　高等教育の発展過程に伴う変化

段　階	エリート型	マス型	ユニバーサル型
機　会	少数者の特権	相対的多数者の権利	万人の義務
目的観	人間形成・社会化	知識・技能の伝達	新しい広い経験の提供
主要機能	エリート・支配階級の精神や性格の形成	専門分化したエリート養成＋社会の指導者層の育成	知識社会に適応しうる国民の育成（21世紀型市民）
主な教育方法・手段	個人指導・師弟関係重視のチューター制・ゼミナール制	非個別的な多人数講義＋補助的ゼミ、パートタイム型コースなど	通信・TV・コンピュータ・教育機器等の活用（遠隔授業、MOOCsなど）
教育機関の特色	同質性（共通の高い水準をもった大学と専門化した専門学校）	多様性（多様なレベルの水準をもつ教育機関、総合制教育機関の増加）	極度に多様性（共通の一定水準の喪失、「標準」そのものの考え方が疑問視）
社会と大学の境界	明確な区分 閉じられた大学	相対的に希薄化 開かれた大学	境界区分の消滅 大学と社会との一体化

Trow, M. の文献[3]を参考に筆者が作成

　ユニバーサル段階の高等教育の力の源泉は「多様性」であり、「グローバル」と「イノベーション」をキーワードとして、国際社会の将来を背負っていく若者を育成することが高等教育に求められています。高等教育に求められているのは、多様なプロフェッショナルを養成することです。多様な能力と経験豊かな人材を育成するためには、学習プログラムやそれを実施する組織の多様性が重要です。一機関・組織だけでは、多様なニーズに対応することは不可能であり、国・地域全体で、多様な高等教育が提供されていることが肝要です。それぞれの機関・組織は、今まで積み上げてきた実績や保有する資源（人的、物的）を基盤として、自らが推進する教育研究の個性・特色を発信すべきです。

新しい知の創造が世界全体で求められている中で、大学への要求や期待が社会的に高まっています。これに伴って、教育研究に対する資源配分も社会的ニーズに対応したプロジェクトを中心としたものとなってきています。しかし、高等教育機関は、未来を背負って立つ若者を育成するわけですから、数十年先を見据えた教育研究を遂行しなければなりません。エリート段階では、「象牙の塔」と揶揄されたように、大学は「屹立した高さ」を誇示していました。しかしながら、ユニバーサル段階では、「開かれた濃密さ」によって、新しい「知」の創造、継承、発展に貢献しなければなりません[4]。

　教育に関しては、かつての教育パラダイムから、今や学習パラダイムの時代となっています。すなわち、学生に、どのような知識、スキルそしてコンピテンシー（知識やスキルだけではなく、心理的・社会的なリソースを活用して、特定の文脈の中で複雑な要求や課題に対応することができる力）を在学中に獲得させたかが問われています。多様なコンピテンシーを身につけた個性豊かな学生を社会に送り出すことが、高等教育機関の責務です。

　学校教育法施行規則[5]によって、各大学は三つのポリシー（ディプロマ・ポリシー、カリキュラム・ポリシー、アドミッション・ポリシー）を定めることが義務づけられています。本来、これらのポリシーは、法律で義務づけられていなくても定めなければならないはずです。しかし、義務づけられたために、各大学の三つのポリシーを読んでも、その大学の特徴が見えにくくなっているのが実状でしょう。

　日本の大学（学校）の画一性は、ずいぶん変わってきていると思われます。しかしながら、何ごとも横並び、集団主義、形式主義など、20世紀の昔と同じ空気が教育界にも残念ながら残っています。日本社会自体の不寛容さや「出る杭は打たれる」傾向を打破して、社会のさまざまな部分に「多様性」の風穴を開けることを、高等教育は率先して実行することが必要です。同質性の高い集団は頑丈なように思えますが、危機に際しては意外に脆さが出てきます。多様性を確保した社会の方が、ずっとしなやかで強いはずです（コラム1-1、p.6）。

第一部　高等教育機関の倫理

> **コラム1-1**
>
> 多様性が開く強い社会：多様性を確保できた社会の方が、同質性の高い社会より、遥かにしなやかで、柔軟性があり強い。

第2節　日本の雇用環境の変化と人生100年時代

　高等教育のあり方（内容や方法など）を考える時、ユニバーサル段階への対応だけでは不十分であり、わが国の雇用環境の変化と人生100年時代をも視野に入れなければなりません。

　日本の人事システムの特徴は、いわゆるメンバーシップ型、すなわち企業の文化・社風にあった「ポテンシャル」を重視した採用を行い、企業内教育・訓練を通じて、企業固有の知識・技能を獲得し、その企業内でジェネラリストとしての成長を期待するものです[6]（表1-3）。これに対して、欧米諸国のシステムは、具体的な職務を前提として人事を行うジョブ型です。わが国では、「職務」という概念が稀薄で、比較的画一性・予測可能性の高いシステム（メンバーシップ型、新卒一括採用と終身雇用）での運用を選択してきました。

表1-3　日本の雇用環境の変化

これまでの一般的な雇用慣行の特徴
・新規学卒者の一括採用、長期（終身）雇用を前提とした企業内教育・訓練
・高等教育機関においては基礎的な知識・技能を身につけさせて、職業に必要な専門的知識・技能は、主に企業内教育・訓練を通じて、仕事をしながら育成

企業が人材育成を行う余裕を失っている。
・急速に進展する社会・経済状況下で、企業内教育・訓練を実施する人材の不足、それに割く費用・時間の縮小
・非正規雇用の増加により、企業内教育・訓練に対する動機づけの低下

　日本の雇用システムの特徴は、長期雇用制度（終身雇用制度）、年功賃金制度（年功序列制度）および企業別組合の組み合わせです。これが、わが国の発展に多大に寄与したことは疑いの余地はありません。しかしながら、グローバル化の流れの中で、今までの雇用システムの変革が必要となってきて

いることも事実です。バブル経済崩壊以降、終身雇用制度が揺らぎ始め、労働者の就労観も変化してきています。グローバル化や技術革新が急速に進展する環境下では、メンバーシップ型人事システムだけでは対応できなくなっており、スペシャリストやプロフェッショナルをいかに活かすかが、企業の経営課題となっています。また、柔軟性と選択肢を求める（求めざるを得ない）個人の欲求が、画一性と予測可能性を求める企業の方針を突き崩しつつあります。したがって、企業は生き残るために変わらざるを得ない状況となっており、「働き方改革」の推進が求められています。

　この「働き方改革」は、高等教育のあり方と無縁ではなく、「学び方改革」も同時に求められることになります。大学（学校）を卒業した後、同じ企業に定年退職まで勤め上げるキャリアではなく、社会変動に即したキャリアチェンジを行う者が増加しています（図1-1）。キャリアチェンジに求められるのは、専門職（プロフェッショナル）教育です。これには、教育年限にこだわるのではなく、学習成果（習熟状況）に即した制度・考え方を導入しなければなりません。

　日本では、急速な少子高齢化により、人生100年時代が始まっています[7,8]。わが国において100歳を迎えた人は、1963年には153人でしたが、2014年には約3万人に達しています。現在の状況が続くと仮定すると、2007年に生まれた子供の半数が到達する年齢は、107歳と試算されます。

　100歳まで生きると仮定して、勤労時代に毎年の所得から約1割を貯蓄

図1-1　人生100年時代のマルチ・ステージ人生イメージ

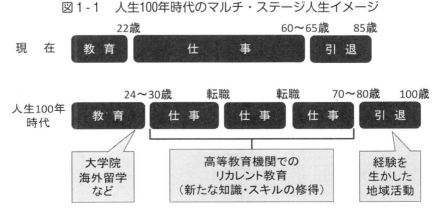

し、引退後、最終所得の半分相当の資金で暮らすと考えた場合には、80歳まで働く必要があります。100歳まで生きても、引退年齢が変わらない限り、ほとんどの人は、長い引退生活を送るために必要な資金を確保できないことになります。平均寿命が長く、出生率が大きく落ち込んでいる日本では、引退後の年金は、最近生まれた子供やその子供に頼ることはできなくなっています。

キャリア初期に身につけた専門知識やスキルだけでは、長い勤労人生を生き抜くことは難しくなっています。これまでの「教育」「仕事」「引退」の三ステージから、マルチ・ステージを想定する必要があります（図1-1）。とくに、「仕事」のステージが長くなり、生涯に複数のキャリアを持つことが不可欠となります。長い人生を生産的に活動するために、生涯を通じて知識、スキルそしてコンピテンシーを獲得するための意欲や投資が肝要です。長い人生の間には、多くの変化・選択を経験することになり、多様な選択肢を持っていることの価値が高まります。生涯を通じて、生き方や働き方を柔軟に修正する能力を持ち続けることが重要です。

人生100年時代の高等教育には、次のような内容が必要でしょう。

①　プロフェッショナル養成をめざした高等教育機関の充実が必要です。とくに、学ぶ側が求める知識・スキルやコンピテンシーに即した学修プログラムの拡充が重要です。

②　一定の高等教育を受けた後（学部在学中あるいは卒業後）海外留学等による異文化体験を推奨し、その体験を適切に評価することが必要です。

③　社会人のキャリアアップあるいはキャリアチェンジを支援するために有効な学修プログラムの設計・充実を図ることが必要です。

第3節　高等教育機関としての矜持

社会環境が激変し高等教育に対する期待が高まるにつれて、高等教育機関は目先の課題の対応に追われるようになっています。しかしながら、高等教育には数十年先の社会を支える人材を育成する責任があり、高等教育機関と

しての矜持（rectitude, virtue）をもって教育研究を推進する必要があります（コラム1-2）。すなわち、普遍的な価値としての真理の探求をその目的に掲げつつも、さまざまな実践や行動規範等は、その機関が置かれた社会的文脈によって決定されざるを得ません。前者は学術の基礎（倫理、ethics）ですが、後者の文脈は、その実現を常に脅かすことになります。前者の価値を優先して考えることが学術的に誠実な立場であるとすれば、このような脈絡から「学術的誠実性（academic integrity）」の問題として扱うことができます。

コラム1-2

高等教育機関は、**矜持**（rectitude, virtue）をもって教育研究を推進しなければならない。矜持とは、学術の基礎（**倫理**、ethics）と**学術的誠実性**（academic integrity）である。

複雑に入り交じる利害関係者の間の異なる規範の相反関係が、流動する現代の脈絡に置かれている高等教育機関の営為を評価する作業の中では、学術的な観点を無条件に最優先することが、ますます困難になっています。したがって、現段階における倫理と学術的誠実性の問題を高等教育の質保証という課題に即して整理することは、必要かつ有意義です。

高等教育機関には、社会の多様化に対応するとともに、普遍的な価値としての真理の探求（学術の基礎、倫理）が求められています。すなわち、社会の多様なニーズに応える教育研究を提供するとともに、教育機関としての確固たる倫理を持つ必要があります。各機関は、単に社会に迎合するのではなく、教育研究について自らの理念を持ち、その理念を実現していくための目標を明確にすることが不可欠です。そして、目標として掲げた成果（アウトカムズ）が得られているかを絶えず点検しながら、期待した水準が維持されているかを評価しつつ、諸活動の質の改善・向上に努めなければなりません。高等教育機関に対して、現在、さまざまな提言、意見、批判、要望等が寄せられています。これらに対応して、次世代を視界に入れた教育研究を推進し、その成果が社会の発展に寄与していることが重要です。それぞれの

第一部　高等教育機関の倫理

国・地域や組織が培ってきた固有の伝統や習慣を基盤とした、個性的かつ多様な教育研究が、価値観の変化・多様化が急速に進む21世紀の社会では求められています。

　この第一部では、「倫理」を中心に議論します。しかしながら、高等教育の多様化の状況の中で、一律に大学のあるべき姿を一言で記述することは不可能です。そこで、三人の先生方からご意見を伺いながら、第２章〜第４章をまとめました。三人の先生方にはあらかじめ、上記のような社会環境をご説明し、ご理解いただいた上で、下記の三テーマでご意見をいただきました。もちろん、これらの質問から派生してさまざまな話題に及んでいます。

① 　多様なニーズに対応して、国・地域全体で多様な高等教育が提供されていることが必要であることを前提として、大学への要求や期待が社会的に高まり、（ア）研究だけでなく教育に対する資源配分も社会的ニーズに対応した期限つきのプロジェクトを中心とするものとする方向に向かっていることと、（イ）従来の大学への要求が人生全体を見据えた人材養成や長期的な視座が必要な基礎的研究を重視するものであったこととの調和をどのように図るべきであるかということについて、このような（ア）と（イ）との対立として捉えることの妥当性も含めてご意見を伺いたい。

② 　学習パラダイムの時代である現代においては、教育の価値が測定可能な学習成果（就業能力の獲得）を、たとえば修了から一定期間後の給与などによって測定されることになると考えられる。これに対して、従来、教育の質は、教育課程の内容や方法（教育課程の編成における学問的な水準、体系性）や、成績評価における「厳格な」評価ルールや規律（たとえば公平な試験）の遵守等の実現などの学術的な規律によって保証されてきたと思われる。このことは、教育の質を観る見方が、学術的達成重視から就業能力重視へと大きく変化したというべきであるのか、それとも、教育の質に関して基本的には一貫した考え方が維持されているのかという問題を含めて、大学は学問を教える場であるのか、職業に役立つ就業能力を身につけさせるべきであるのか、将来に向けて大学はこの対立をどのように乗り越えていくべきかという点についてご意見を

伺いたい。
③　研究の場面においては、普遍的な価値としての真理の探求をその目的に掲げる大学等の研究機関に所属する研究者が、あえて捏造、改ざん、剽窃などの真理探求とは矛盾する行動（研究不正）をとる事例が、かつてよりも目立つようになっているように思われる。これがどのような事情によるものであり、その是正のためにはどのような方策が考えられるかということについてもご意見を伺いたい。また、国家の安全、企業の利益、大学の経営等への関心が真理の探求とは独立のものであるとすれば、大学は、これらの異なる関心に対してどのような態度をとれば、社会に対して自己の立場を説明する（アカウンタビリティを果たす）ことができるのかという点についても伺いたい。

《注》
（1）　Davidson, C.N.（2011）Now You See It: How the Brain Science of Attention Will Transform the Way We Live, Work, and Learn. Viking Press, New York
（2）　Frey, C.B. and Osborne, M.A.（2013）The Future of Employment: How Susceptible are Jobs to Computerisation?. https://www.oxfordmartin.ox.ac.uk/downloads/academic/The_Future_of_Employment.pdf
（3）　Trow M.（2007）Reflections on the Transition from Elite to Mass to Universal Access: Forms and Phases of Higher Education in Modern Societies since WWII. Forest J.J.F. and Altbach P.G.（eds）International Handbook of Higher Education. Springer International Handbooks of Education, vol 18．Springer, Dordrecht https://link.springer.com/chapter/10.1007/978-1-4020-4012-2_13
（4）　川口昭彦（大学評価・学位授与機構編著）『大学評価文化の展開―わかりやすい大学評価の技法』大学評価・学位授与機構大学評価シリーズ、ぎょうせい、2006年、p.9
（5）　学校教育法施行規則の一部を改正する省令　http://www.mext.go.jp/b_menu/hakusho/nc/icsFiles/afieldfile/2016/04/26/1369884_1.pdf
（6）　濱口桂一郎（2009）『新しい労働社会～雇用システムの再構築へ』岩波新書
（7）　Gratton L. and Scott, A.（2016）The 100-Year Life: Living and Working in an Age of Longevity. Bloomsbury Information Ltd　日本語訳本：リンダ・グラットン、アンドリュー・スコット著　池村千秋訳（2016）『LIFE SHIFT　100年時代の人生戦略』東洋経済新報社
（8）　人生100年時代構想会議　首相官邸ウェブサイト　http://www.kantei.go.jp/jp/singi/jinsei100nen/

第一部　高等教育機関の倫理

第2章
「知識の使い方」の教育研究：分野横断的教育研究

　社会の科学に対する認識は、最近、大きく変化してきています。ケネディ大統領は、就任演説[1]で「科学の恐怖ではなく、科学の素晴らしさを呼び覚ますために、互いに力を合わせ、宇宙を探査し、砂漠を征服し、病気を根絶し、深海を開発し、芸術や商業を奨励しよう。」と述べました。そして、アポロ計画（1961-1972）には、巨額の予算（250億ドル）が投入され、2万以上の企業や大学が参加しました[2]。この計画は、宇宙開発関係のみならず、多くの分野で、それまで実現したことのない規模の科学技術面での躍進的な進歩をもたらしました。この頃から、大学と社会の関係も大きく変わったものと思われます。

　今世紀になり大学を取り囲む環境が激変し、大学に対する期待が高まるとともに、その期待が多様化していることは、第1章でまとめました。この章では、吉川弘之先生（国立研究開発法人科学技術振興機構研究開発戦略センター特任フェロー、元東京大学総長）にご意見を伺いました。吉川先生には、大学改革支援・学位授与機構の大学機関別認証評価委員会の委員長を長年お引き受けいただき、今回も大学質保証について大変有益なご示唆をいただきました。

第1節　科学者の社会的責任

　――大学は非常に多様になっており、それを要求されています。教育研究を行う資源の配分方法も昔と随分変わってきており、いろいろな意味で、大学は非常に厳しい状況にあります。大学をはじめ教育機関は、将来の社会を背負う人材を育成しなければならないわけですから、自らの信念、理念、学術の基礎（倫理）を持ち、さらには学術的誠実性を備える必要があります。これからの大学の教育研究のあり方について、ざっくばらんなご意見をいただきたいと思います。

　多様性の状況の中で、「こういう大学であるべきである。」と一言で述べる

ことは困難です。しかし、大学が守らなければならない事項は、いくつもあると思います。それらを考える上で、重要なポイントは、大学と社会の関係が基本的に変わったということでしょう。われわれが知っている大学は、16～17世紀にできて、いわゆる権力構造の外にある「真理探求の空間」が必要であるということから、時の支配者から開放され自由になることが強調されました[3]。戦争に近いような対立状況を経て、自立、学問の自治を築き上げました。この中から生まれたのが、「公平な知識の重要性」あるいは「知の中立性」だったと思います。これは間違いなく、日本の大学も含めて、忠実に守ってきました。

基礎研究とはコラム1-3に示すようなものであり、そこから得られた知識は、政治的なイデオロギー、主義主張あるいは人の違いを越えて使える人類共通の知識になるのだという方程式が、大学発足時にはありました。

コラム1-3

基礎研究とは、次のようなものを指す。
自分が**知的好奇心**を持ち、**何が問題なのか**に気づいて、それを誰に言われたのでもなく、自分自身の心の底から湧き上がる一種の**好奇心で課題を決めて**、その課題を自分の好きなように研究し、好きなように**発表**する。

――そのような基礎研究から得られた知識が、社会の発展に貢献したわけですね。

社会の側も、そういうものが必要であることを完全に認知したという歴史だったと思います。それが「学問の自治」でした。わが国も基礎研究を重要視してきました。これは昔からもそうでしたし、戦争中はともかく、戦後もそういう形がずっと続いてきました。ですから、若者たちもそのつもりで大学に入り、自分たちは「自治を持っているのだ。」と考えていました。自治的な大学での研究は、研究課題選択の自由、研究方法の自由、発表の自由、場所の自由があるという定義があります。それに宗教からの自由、政治からの自由を付け加えることもあります。そういう国際的な考えである、いわゆる「学問の自治」が守られる大学で、自分は自分の動機にしたがって研究が

でき、社会も中立な知識として受け入れてくれる唯一のやり方でした。

そのことは、哲学者たちも言っています。たとえば、Charles Sanders Pierce[4]は、コラム1-4のように書いています。これは証明できないわけですが、彼は確信していたのです。これが社会的に定着したのが大学であり、これが大学の基本であると言っています。

コラム1-4

もしあなたが、個人的な感情とか、それから利害関係とかいうことをちょっとでも考えに入れたら、それから導き出される知識は極めて貧弱なものである。それは、ある**特定の人にしか役に立たない知識**である。そうではないものは、あなたが全部そういうものを取り払って、**生身の人間として好奇心を持ったものだけが生きるのだ**。

日本の場合はやや行き過ぎて、ある意味では、社会と断絶するようなところが見受けられます。とくに、戦争中の悪い記憶（軍の教育研究への介入）によって、私たちの先輩はみんな苦しんだわけです。その記憶があって戦後、大学の自治を求めるあまり、社会との断絶の道を歩むことになります。社会と対話してはいけない、産学連携はいけないとか。私の工学分野では、自動車産業が興る頃でしたので、たとえば、自分の専門が振動論であればその知識は産業ですぐに使えますから、ある産業と研究で交流する人がいる。すると「自動車ゴロ」と非常にさげすんだ言葉が交わされてしまう、そういう時代もあったのです。しかし、それは誤りだったということがわかります。欧米では、早くから科学と社会の協調・対話という発想が出てきて、大学の自治を護りながら協力するという考えがずっと進んでいました。わが国は、ややそれが遅れたと思います。

――大学紛争[5]の頃「産学共同反対」が声高に叫ばれましたが、これは、社会からの隔絶をむしろ、強調していましたね。

当時、産学連携は汚いことのように言われました。それは自治の放棄だというわけです。しかしながら、紛争という大変哲学的な時期を通し、深く考えた大学人たちは、それがあまりに単純で、すでに日本独特の発想になって

しまっていると気づき、大学紛争の後は逆に、産学連携を推進する方向になりました。揺れ過ぎるような気もしますが、いずれにしても、国の政策とかそういうことではなく、科学的知識が一般の人間社会に深く浸透してきたという現実の認識が基本にあったのだと思います。このことは、誰かが意図的にやったことではなく、科学の本質に基づく結果だと思います。したがって、科学者は、科学が影響した結果として社会で起こっていることに対して基本的な責任を持つ必要が出てきました（コラム1-5）。当初、このような考えはあまりなく、自治だけもらったわけです。わが国は、国際的な動きには遅れましたが、今やそちらの方に大きく進んでいます。自治という権利が与えられている以上、結果に責任を持つという当然の解釈に収束していったのです。

>コラム1-5
>
> 科学者の社会的責任
> 意図するしないにかかわらず、科学者は、社会に起こっている、**科学が影響して起こっていること**に対して**基本的な責任**を持つ必要がある。

このような考え方が典型的に出てきたものに、持続可能な開発のための教育（Education for Sustainable Development, ESD）がありました[6]。持続可能な開発に関する世界首脳会議（ヨハネスブルグ・サミット、2002年）において、小泉総理大臣（当時）は、持続可能な開発にとって、人づくり、教育の重要性を強調した「小泉構想」（開発・環境面での人材育成等の具体的支援策）の実施を通じた日本の貢献の決意を表明しました[7]。それを受けて2005年に発足したのが、ユネスコが主導機関となった「持続可能な開発のための教育の10年」（Decade Education for Sustainable Development, DESD）です。そこでの議論では、われわれ人類は「持続可能な開発」という問題にぶつかってしまったのだから、急進的に教育を変えなければいけない。しかも持続可能性を失う背景には、科学的な技術進歩の存在があるのだから、教育の中でも、それを反映しなければならないということでした。

すなわち、現実問題への関心を教育することや、対象の分析だけではなく

て、それに関わる「行動をも教える」ということが出てきました。これは大学教育も当然でしょうが、初等教育から教えなければいけないという話が、強く打ち出されました。私は工学分野にいましたから、ようやく工学の時代が来たと実感しました。

　このような形になって、科学は変わってきています。そのような条件なしで、大学を良くしようとしても、あるいは認証評価しようとしても、もはや形式だけになってしまうと思います。そこが大変難しいところで、どこまで認証評価の対象にするかという話になります。すなわち、評価対象に学問の内容を入れるか否かという話です。今までの認証評価ではやっていないわけですね。

　――内容は基本的には水準と体系性のみで、何を教えるかについては評価対象としないことになっています。

　それは「大学の自治」の問題になります。大学機関別認証評価は、品質管理ですから、「品質とは何か。」という話になってくると、はっきり言って、私自身は厳密な定義に達していません。私が経済協力開発機構（OECD）の科学技術委員会に日本代表として出席していた頃（1980年代）、教育の品質管理（Quality Assurance of Education）という言葉が出てきました。

第2節　教育の質保証

　――政治が「教育の品質管理」と言い出したのは、その頃ですね。

　変な言葉だと思って、OECDで当時は反対しました。「教育に品質管理などという言葉を使うのは、おかしいのではないか。」「教育は、学生が自ら自由にやるのだから、管理されるのはおかしい。」と言いました。すると、フランス人とドイツ人が「これは日本から学んだ。」と言ったのです。「日本の工業の進歩から出てきた工業的な質保証の形式が、教育にも有効だということを、われわれは発見した。」という言い方です。このため、「反対」とは言ったものの、やりにくくなってしまいました。

　日本に帰国して、世界的にそういうことが言われ始めたが、やはり人間と品物は違うのではないかと言ったわけです。彼らは、このような反論を十分

考えていて、「Quality Assurance of Education」について教科書を出しました。それを読むと、非常にまともな内容で、もちろん製品とは違う人間なので、全く違うけれども、どのような知識を与えて、どのような能力（スキルも含めて）が身についたかによって社会での行動が変わってくる、その関係を明らかにすることができれば、後は望ましい行動をする人を育てるには、教育に関する質保証の測定方法だけを作ればよい。これは工場の質保証の原則で、作りこみなどと現場で呼ばれることの内容を示していますが、その仕組みが全部使えるという話が書いてあるわけです。それでも何となく、私は違和感があり、大学は勝手にやっていいのではないかと思っていました。しかしながら、ご存じのように、中央教育審議会の大学分科会の将来構想部会で、大学の設置条件を緩めて、その代わりに認証評価を定期的に実施することになりました。

　その部会の委員長だったのですけれども、ものすごく多様な意見がありましたが、おおむね賛成という雰囲気になり、認証評価を確立して設置審査もできるだけ軽くしていこうという意見もあり、一方では設置審査はやめようという人もいました。アメリカでは、申請方式で大学ができる代わりに評価によってつぶされてしまう。しかし日本では、そこまではできないということで、了承されました。その時に議論されたことは、学問の内容は立ち入ることはできないということで、歯止めを作ったわけです。ところが、最近三つのポリシーという話が出てきました。このポリシーを議論していくと、どうしても内容に踏み込まざるを得ないでしょう。これから始まる3巡目の機関別認証評価で、各分野別に評価することは、大変な決断であり、進歩であると思います。私としては、時代にきちんと対応しているものと思います。

　──三つのポリシーは大学自身が決めるのですが。

　問題は、認証評価において、それについてきちんとものが言えるかどうかです。大学が決めたポリシーに対して、それぞれのポリシーは正しいのか、三つのポリシーに整合性があるかなどが評価されなければなりません。

　やや具体的な例は専門職大学です。専門学校が大学を作ろうという話を、私は歓迎しています。新しい大学を考える時、まさにこの問題になるわけです。認証評価してもらえるようにならないといけないということで、作ろう

としている人が一生懸命勉強しています。そこで一番重要なことは教育内容です。私が関係している工学系の会で「今の日本の工学部の教育は、東大を含めて失敗した。だから今の日本の製造業が駄目になった。」と言いました。

この言葉は、理屈よりは実感です。たとえば、私が教えた卒業生（精密機械工学科）は、多くが定年になっていますが、彼らの一生を見てみると、ほとんど100％が大企業（日立、東芝、日本光学、キヤノンなど）に就職しています。基本的には、皆さんハッピーなのですが、他の会社にほとんど移っていないのです。日立に入った人は日立で終わっています。技術系出身者が社長になる割合は低いので、私の研究室から社長になったのは2人程度で、あとはみんな技官などの技術者として定年を迎えて企業を離れています。企業を離れた後は庭いじりを楽しむ。これは欧米でよく言われている理想の生涯であり、私も否定するつもりはありません。

しかし「何でおまえ、そんなことやってるの？」と冗談で言うと「私は別荘を買って、そこで菜園をやっています。」と言うわけです。大学人で一生過ごしてそんな身分になれない私はうらやましさと悔しい思い半分ですけれども、「それでいいのか」とも思います。彼らは60歳まで働いたわけでしょう。「60歳までため込んだ、日本のいわば高度成長を支えた製造業の知識を、もっと使う気はないのか。」と言うと嫌な顔をしますが、彼らは、そういうモチベーションを持てない経歴を過ごしているのだと思います。このことは日本の教育が原因であると私は思っているのです。たとえば、日立を辞めて東芝へ行く人を育ててこなかったのです。

——日本では、日立に入ったら最後まで日立という文化でしたから。

そうなのです。企業のそれぞれについては言及を避けますが、大学で学び研究をしてきた領域があって、たとえば、振動学という領域を学んだとすれば、エンジンの振動や、モーターの振動などいろいろな課題が企業の中にはあります。すると、その人はそのような振動の専門家として育ち、後輩も入ってきて、振動グループができあがります。その人たちは、確かに、企業全体の関係部分の面倒を見ていますから、非常に貴重な存在で、なくてはならない存在です。振動、燃焼、材料など種類の異なった縦構造のグループができるわけです。それは、ある意味、大学の教員組織にやや似ていますか

ら、定年後その専門で教員になる人もいます。

　このような状況を考えると、前述（p. 15）の持続可能な開発のための教育（ESD）のような「地球問題に対応するために、どうすればいいか。」ということは、振動の専門家だから考えないわけです。私が「そういう人間を育てていたのだ。」と反省しているのは、そこです。技術者の価値とは、ある分野においての解析能力や設計能力についてのエキスパートになることしか教えなかったのです。社会で起こっている問題を解決することを学生と議論することはしなかった。一言も言ったことはないです。このことにハッと気がついたのです。

　——確かに教える側の問題もあります。言い訳ではないのですが、日本の社会が、そういうものをアクセプトしない傾向があるのではないでしょうか。

　そうなのです。私の受けた教育では、「そんな浮ついたこと言っているのか、何か一つの専門を極めなさい。」と言われ、「振動論をやるのだったら小説なんか読むな。」とも言われました。小説は、世の中のことが分かるわけですし、哲学のこともわかります。「そんな暇があるのだったら、計算の能力を上げろ。」とか言われて、みんな専門の中に座っていればいいことになります。このようにして、専門家が育成されてきました。

　ところが、先ほどの話に戻れば、1970年代に国連が最初に国連人間環境会議（ストックホルム会議）を開催しました[8]。その頃既に、地球環境が人間の行動によって劣化していることが分かっていました。われわれも「公害」を知っていました。これは明治時代からありましたが、ずっと「それは企業が悪いのだ。」と言ってきました。そうではなくて、「人間の行動が悪いのだ。」「その行動を支えている業務が悪いのだ。」「業務の内容を支える学問が悪いのだ。」という認識に替わってきたのです。このような連関が見えてきて、やはり「学問が変わらなければいけない。」と言われるようになりました。

　このことが、UNESCO-世界科学会議（World Conference on Science、ブダペスト会議、1999年）で議論されました[9]。この会議の副題には「21世紀のための科学　新たなコミットメント」と書かれており、科学が直面しているさまざまな問題について、政府、科学者、産業界および一般市民が集まり、その理解を深めるとともに、戦略的な行動について、世界のトップレベ

ルの科学者の間で討議することを目的としました。

この会議で宣言書（表1-4）が採択され[10]、その表題に「科学的知識の利用」という言葉が登場し、科学者にとって最大の課題とされたのです。しかも、知識を作っているのは自分たちであり、どういう知識を作るかによっては、社会が止まってしまうこともあることが述べられています。このように、ものすごく大きなパラダイム変化を提示していて内容はよくわかりましたが、学問に大きな変化が起こるメッセージとして広く理解されたかどうかは、その時ははっきりしませんでした。

表1-4　科学と科学的知識の利用に関する世界宣言（1999年7月1日採択）前文[10]より抜粋

- 我々の未来は、全地球的な生命維持システムの保全と、あらゆる形態の生命の存続とに不可避的に結びついているということが認識されるにいたっている。世界の国々や科学者たちは、科学のあらゆる分野から得た知識を、濫用することなく、責任ある方法で、人類の必要と希望とに適用させることが急務であることを認めなければならない。
- 科学は人類全体に奉仕するべきものであると同時に、個々人に対して自然や社会へのより深い理解や生活の質の向上をもたらし、さらには現在と未来の世代にとって、持続可能で健全な環境を提供することに貢献すべきものでなければならない。
- 科学の進歩の応用や、人類の活動の発展あるいは拡張は、その明らかな恩恵だけでなく、環境劣化や技術災害も同時にもたらし、さらに社会的な不公平や疎外も助長した。
- 科学的知識の生産と利用について、活発で開かれた、民主的な議論が必要とされている。科学者の共同体と政策決定者はこのような議論を通じて、一般社会の科学に対する信用と支援を、さらに強化することを目指さなければならない。

私も、その会議に出席し、招待講演で「Reformation of Sientific Disciplines」という題名で、「今までのディシプリンを変えなければ科学の役割は果たせない。」という思いで講演しました。

私は、この年にICSU（国際科学会議）の会長に選出され、科学的知識の使用という観点から、ICSUの下の多数の委員会、研究会の統合を提案します。大変な抵抗がありましたが、多くの理解を経て、任期の最後の大会で承認されました。知識を使うためには異なるディシプリンの科学者の協力が不可欠であることの認識が定着し、その後Future Earthという世界組織ができます。私は工学と設計学を専攻していましたから、この過程は、従来の理学と工学という区分けについての反省が科学者の間に芽生えていることが、よく分かりました。ICSUは理系の科学者の集まりで、工学系はいなかった

のですが、私が突然会長に選ばれたのは、理系科学者の間に、科学での「知識の使用」という課題の大きさが認識され始めていたことが原因と思っています。前述のPierce[4]が言ったように（p. 14）、知的好奇心を持って、一体これは何なのか、物質とは何なのか、宇宙とは何なのか、これが伝統的科学の主流です。それに対して、こういう知識がある、この知識でこういうものを作って社会に適用しようという発想は現代の特徴です。これは「知識から現実へ」でしょう。

「現実から知識へ」は科学で立派な体系があります。しかし「知識から現実へ」は学問ではなく、世の中が「やれ」と言って、産業がやっていたわけです。私はそこに知的好奇心を持ってしまって、学問として「知識を現実へ」ということを解明しようと考えたのです。私は、1960年代から、これを学問にしようと研究をずっと続けていたのですが、結局それには体系的な科学知識というものはないということに気づきました。それは科学の逆過程ですから、インバースサイエンスとでも呼べて、科学とは違う知識体系を予感させています。現実にそのような意識が、先ほどの歴史で、明らかにESD[6]やブダペスト会議[9]に出てきました。

「デザイン思考」がアメリカの大学で盛んに言われ、オーリン大学[11]が最近注目されています。ここではデザインを教えています。「物理学を教えないでいいのか。」と批判する人もいますが、「ここ数十年の工学教育の中で最も野心的な実験」とも評価されています。ヨーロッパにもこのような動きがあって、デンマークでは、一般の大学で飽き足らなかった学生だけを集めて、教育する機関があります。設立されて10年ぐらい経過しましたが、その連中の中から、ものすごく素晴らしいベンチャーがたくさん生まれています。このように、いろいろな変化が起こっています。原点に戻れば、社会の中に科学的な影響が浸透し始めたと言えるでしょう。これは誰かが浸透させたのではなく、徐々にこのようになってきたのでしょう。

第3節　専門職大学

——産業界と連携し、どのような職業人にも求められる基本的な知識・能力と

ともに、実務経験に基づく最新の専門的・実践的な知識や技術を教育する新しい高等教育機関（専門職大学あるいは専門職短期大学）が設置されます。

　専門職大学は多分、インバースサイエンスをやるところだと思います。デザインに関心を持っている人は、若者の中にたくさんいます。デザインで社会を変えようとか、みんなが考えていないもので社会に影響を与えようとか、このような関心を持っている若者は非常に多いのです。ところが、その若者たちが大学受験となると、最近の若者に聞いたのですが、受験競争に入る時に「私たちはそういう好きなことを棚に上げ忘れます。」と言います。たとえば、天文が大好きで、自分で天体望遠鏡を作って星を発見しようという人がいても、そういうことはやめましょう。昆虫採集が好きでも、それはやめましょう。それで予備校に入るのです。予備校では一切そういうことをしてはいけないでしょう。そうやってきた人が、大学に入学するわけです。大学に入ると、そこにはカリキュラムが待っています。これはわれわれの責任だと先ほど言ったことと関係するのですが、たとえば、ある課題を数学を使って表現する方法を詳細に教える。それは大変高度な数学で、精緻な手続きで、教員はそれを教えて満足です。学生たちもちゃんと意欲的についてきます。そうやって卒業した人が、最後に庭いじりに行ってしまうのでは、人の能力を存分に使わない国ということになり、日本の力を落としているのではないでしょうか。

　——少々乱暴な言い方ですが、今の教育が、残念ながら、日本の国力を落としているということになりますね。

　能力があるのにもったいない。専門職大学は、自分が何かを作りたいと思っているモチベーションの高い人を入学させようとしています。これがアドミッション・ポリシーですね。「モチベーションがあればいい、勉強なんかできなくてもいい。」とは言っていません。モチベーションの実現のためにこの分野の学問を大学で勉強したいという人が合格です。もちろん基本的な知識がどの程度あるか、やらなければならない最低基準は必要です。そのために試験をするのですが、それだけで1点を争うようなことはやりません。基本的なボーダーが明確になっていれば、モチベーションの良さと強さで判断できるでしょう。全部面接で取るのですね。実際、それができるよう

な大学を作ろうとしているところもあります。学生定員は、せいぜい数百人程度ですから、手分けすれば足ります。

それに沿ってディプロマ・ポリシーがあります。たとえば、卒業時は、作成した作品で評価しようということです。入学時に「これを作りたい」と言ったら、それがどのように4年後にできたかを評価することによって、ディプロマ・ポリシーとアドミッション・ポリシーが関係することになります。そこで、どのようなカリキュラム・ポリシーにするかが大学の問題になります（表1-5）。私は、実務、企業経験、実習を主張しており、新しい専門職大学のルール（専門職大学設置基準第十条、第十一条）に盛り込まれています[12]。半分は企業と契約して実習をするわけです。

表1-5　専門職大学等の概要

1. 教育課程等 （1）教育課程の編成方針 ・産業界等と連携しつつ、教育課程を自ら開発・開設、不断に見直し。 ・「専門性が求められる職業を担うための実践的な能力及び当該職業の分野において創造的な役割を担うための応用的な能力」の育成・展開及び「職業倫理の涵養」を規定。 （2）教育課程連携協議会 ・産業界及び地域社会との連携による教育課程の編成・実施のため「教育課程連携協議会」の設置を義務付け。 （3）開設授業科目 ・開設すべき授業科目の種類として、次の①〜④を規定。 　① 基礎科目〔4年制で20単位以上／2年制で10単位、3年制で15単位以上〕 　② 職業専門科目〔4年制で60単位以上／2年制で30単位、3年制で45単位以上〕 　③ 展開科目〔4年制で20単位以上／2年制で10単位、3年制で15単位以上〕 　④ 総合科目〔4年制で4単位以上／2年制・3年制で2単位以上〕 　（注）卒業・修了に必要な単位は4年制で124単位以上／2年制で62単位以上、3年制で93単位以上 （4）実習等の重視 ・実習等による授業科目について一定単位数の修得を卒業・修了要件として規定。〔4年制で40単位以上／2年制で20単位以上、3年制で30単位以上〕 ・上記の実習等による授業科目には、企業等での「臨地実務実習」を一定単位数含む。〔4年制で20単位以上／2年制で10単位以上、3年制で15単位以上〕 　＊やむを得ない事由があり、かつ、教育効果を十分にあげられる場合は、企業等と連携した「連携実務演習等」による一部代替も可能とする。〔4年制で5単位まで／2年制で2単位、3年制で3単位まで〕 （5）入学時の既修得単位の認定 ・入学前に専門性が求められる職業に係る実務の経験を通じ、当該職業を担うための実践的な能力を修得している場合に、当該実践的な能力の修得を授業科目の履修とみなし単位認定できる仕組みを規定。〔4年制で30単位まで／2年制で15単位、3年制で23単位まで〕

第一部　高等教育機関の倫理

> 2.　教　員
> （1）専任教員数
> ・大学・短大設置基準の水準を踏まえつつ、小規模の学部・学科を想定した基準を新設。
> 　＊専門職大学では、例えば経済学関係の学部の場合、収容定員「400人〜800人」の場合に加え「200人〜399人」の場合の基準を新設。
> 　＊専門職短期大学では、入学定員が設置基準に定める数に満たない場合の専任教員数は、その二割の範囲内で兼任の教員をもって代えることができるものとする。
> （2）実務家教員
> ・必要専任教員数のおおむね4割以上は「専攻分野におけるおおむね5年以上の実務の経験を有し、かつ、高度の実務の能力を有する者」（実務家教員）とする。
> ・必要専任実務家教員数の二分の一以上は、研究能力を併せ有する実務家教員とする。
> 　＊大学等での教員歴、修士以上の学位、又は企業等での研究上の業績のいずれかを求める。
> ・必要専任実務家教員数の二分の一以内は、「みなし専任教員」（専任教員以外の者であっても、1年につき6単位以上の授業科目を担当し、かつ、教育課程の編成その他の学部・学科の運営について責任を有する者）で足りるものとする。

専門職大学等の設置に関する資料[12]より作成

　専門職大学において開設が定められている科目は、4種類あります[12]（専門職大学設置基準第十三条、表1-6）。これらの説明は分かりにくいですね。言葉が間違っていると言いたくなります。基礎科目は、一生自分で研鑽しつつ、ずっと自分で学び続けることができるものと書いてあります。職業専門科目は、自分が就きたい職と関係して、電気だったり機械だったりです。展開科目が分かりにくいのですが、専門職には大切なもので、たとえば自分が一生技術者としていくのか、あるいはマネジメントで社長になりたいのかによって、たとえば文科系や教養的な科目がここに入るのです。
　専門科目については、まだ文部科学省と調整しなければならない点があり

表1-6　専門職大学で開設される授業科目[12]（設置基準第十三条）

基礎科目：生涯にわたり自らの資質を向上させ、社会的及び職業的自立を図るために必要な能力を育成するための授業科目
職業専門科目：専攻に係る特定の職業において必要とされる理論的かつ実践的な能力及び当該職業の分野全般にわたり必要な能力を育成するための授業科目
展開科目：専攻に係る特定の職業の分野に関連する分野における応用的な能力であって、当該職業の分野において創造的な役割を果たすために必要なものを育成するための授業科目
総合科目：修得した知識及び技能等を総合し、専門性が求められる職業を担うための実践的かつ応用的な能力を総合的に向上させるための授業科目

ます。専門科目は基本的には揃えなければいけません。たとえば、情報であればこういう専門科目を作って、どのような専門にもなれるように一般化して、それだけを学ばせないといけないと、文部科学省は言っているわけです。しかし、私は、モデルをたくさん作って、それぞれにモチベーションを持った専門科目を提供し、自分の好きな専門科目だけ取ればいいとすることを考えています。

　たとえば、4年間で介護ロボットを作ろうとしましょう。現在の介護ロボットは大変重くて、特殊な場合しか使えません。だからこれを、膝にピタッと貼れば、それに力の発生システムを入れて、1割の人力があれば増幅して動けるようになります。しかし、これが非常に難しいのです。まず、体に付ける材料が手に入らないでしょう。もちろん高度なセンサーも要るでしょう。材料学、情報学、制御学などが必要になってきます。材料学と制御学は通常、同じ専門分野には入れません。ですが、両方を知らないとそれができません。しかも能力強化は介護に関係する大きな社会問題であり、国の福祉政策、産業としての成立条件など、社会科学分野の知識も必要です。弱者を強者にしたいという学生の人道的モチベーションは、大学での学習によってその実現法の知識に支えられた学問的モチベーションに変わっていきます。したがって、この専門職大学に入学する人は、そういう自分の専門職について、自分自身でカリキュラムをデザインする必要があります。このようなカリキュラム・ポリシーでいいのかというのはこれからの議論ですが、「学習の駆動力である動機の進化過程と学習科目の時系列との関係」という大きな問題が専門職大学にはあって、教育全体の課題としてこれから議論する必要があるでしょう。

　——設置審を通るかどうか分かりませんね。

　あまりに「自由過ぎる」と言われているようです。このような点が、これからの話ですけれども、そういう教育だってあるわけで、これによってモノを作るわけです。今まで私たちが教えてきたのは、最初にこういう針があります。この針はどうやれば折れますかと実験もやりますし、細かい計算もします。それから振動を与えた場合など、この材料の強さはどの程度かを分析するわけです。しかし「強い針を作る」ということは、一回も教えないで

す。変な話ですね。だからインバースサイエンスというようなサイエンスの逆をいくような教育が、専門職大学には必要なのではないかと主張しているのです。

——専門学校は現在海外で注目されています。日本は工業レベルが高いので、教育はかなりいいらしいと想像している人が多いようです。また、専門学校は就職がいいとも言われています。

　専門学校には、ものすごく熱心な学生がいると聞いています。大学受験競争に乗れなかった、ある種の落ちこぼれという人もいますが、初めから専門学校に行きたいという人が多くいますし、落ちこぼれと言われる人も実は動機や才能の不適合ということで大学側の問題かもしれません。専門学校では教育を非常に工夫しています。大学人のわれわれは、頭が下がります。先生たちは、教育オンリーで研究はしませんが、100％の時間を教育に使っていて、その熱意たるや、頭が下がります。私は大反省です。

　その先生たちが言うには、グループで教育してみると、必ずリーダーが出てくるそうです。素晴らしいリーダーとなる学生は、親に猛反発して専門学校に入学した学生で、親は「おまえは勉強ができるのだから、東大を受験しろ。」と言うわけです。それに抵抗して、専門学校に入った人は素晴らしく、たちまちクラスの中でリーダーになるそうです。企業の何十社からも支援があるそうです。専門学校の卒業制作には多くの関係者が見に来て、「あの学生が欲しい。」というオファーがあるそうです。

——専門学校へ訪問調査の機会があって、そのような学生がいました。美容分野だったのですが、その学生は県内の工業高校を卒業して、美容専門学校を選択しました。その学生に「どうしてこの学校に来たの」と尋ねたところ、「この学校の校長先生が高校に来られて伺った話に感激して来ました。」という答えで、自分自身の強い意志を持っていることがよくわかりました。

　いいねえ。ある意味、落ちこぼれもそういう候補者なのです。そういう人たちと交わっているうちにみんな、「人間は希望を持つべきなのだ。」と動機づけられていくのです。そのような価値を一般の大学は切り捨てていたような気がします。学問そのものがそうです。私が反省しているのは、その学問そのものの構造です。ESD[6]は、インバースサイエンスのことを言っていた

わけで、行動のための知識、アクションのための知識、状況判断の知識などの必要性が書いてあります。それらは一般の大学では教えなくて、現場へ行ってから学ぶわけです。しかし、その順序には必然性はありません。科学と社会の関係が急速に変わりつつある現代では、知識生産の重要性にも増して知識使用の重要性が大きくなっているのです。現在の状況は、知識使用は知識の応用と言われ、科学的知識を学べばあとは個人の工夫で使えるというところがあります。使用が体系化している分野は産業化が長く行われている分野で、これは経験の集積です。したがって、どこからも「新しい知識使用」の一般化としての学問が生まれる動機が出てきません。大学に、そういうことを考える部門があってもいいのではないでしょうか。後から材料強度の計算数式などはいくらでも学べるし、しかも今やみんなコンピュータになっています。

　コンピュータは、今や失業の原因ですね。そういう知識がみんなコンピュータに置き換えられます。しかしインバースサイエンスは置き換えられません。デザインの概念設計の自動化は、何十年あるいは百年ぐらい経ってもできないでしょう。現在の科学の方式では解けないのです。それは、頭の独創性みたいな問題ですから。「独創性」というのも多くの心理学者が研究していますが、具体的なアイデアを出すことまでは説明できないのです。

　そういう難しい問題になぜ、その学問としての知的好奇心が向かわなかったのかということは、大学制度の問題だと判断します。私が34歳〜35歳の時に思いました。それまでは機械の研究をしていました。大きな機械も買えるような環境で研究をやっていましたが、ある時、「こんなのくだらない」と思って機械を全部捨てて、研究室をソファだけにしました。そこで、学生と議論だけやろうということで、インバースサイエンスの話を始めたところ、学生がみんな面白がって参加したわけです。そこで「一般設計学」という分野の旗揚げをするのですが、科研費を申請しても認められません。そんな審査分野がないのです。本当は工学をはじめ、いわゆる臨床系の基礎理論を作ろうという計画で、多くの分野に同好の士がいるはずだったのですが、研究費がもらえない分野には誰も取り掛かりません。私は一般設計学をやる計画での科研費は、ほとんどもらっていません。だから文部科学省から見ると何

もやらなかった人と思われるのですけれども。

——何もなくてもできたという話ですね。

　金はなくてもできます。ものすごく考えて、学生と徹夜で議論したわけです。飲みながらね。このようなことは、日本の大学では学問として認められていませんでした。実際、私は学科の会議で宣言して、「設計学をやる（精密機械のほうは一旦置いておいて）。」と言ったら、十数人の教授・助教授は、「それは面白そうな学問だけど、もしそれをやったら君は教授になれないよ。」「それは大学組織にはない。」とか、意地悪そうな顔して言ったわけです。私は悔しいから「いや、構わない。」「私の名前は吉川弘之と言います。もし歳を取っても教授になれなかったら、名前をヒロノスケと変えます。ヒロノスケ教授なんかいいかな。」と言いました。そんなことを並み居る先輩教授に言ったら嫌われましてね。ますます研究費がなくなって。しかしこの変な若手教員の宣言を意地悪だけで何も咎めずに黙って聞いてくれた先輩教授たちの判断は、科学研究の本質を理解している極めて貴重なものであり、先輩たちの度量に深く感謝しています。

　そのようにして始めた、今では呼び名を変えて「一般デザイン学」と呼ぶ学問がどうなっているかと言えば、その後はデザイン技術への応用などとして発展しているだけでなく、デザインという学問分野の存在を明らかにしたと言え、デザイン思考とか、デザイン志向の教育など、社会的展開に寄与していると言えます。私自身は同名の本を書き上げたところです。

——現在の日本の最大の問題は組織が固いということでしょう。先ほど言った日立を辞めた方が庭ではなくて、新しいものに挑戦するときに必要なのは、リカレント教育です。日本ではリカレント教育の掛け声はありますが、欧米先進国と比較して不十分です。わが国の場合には、たとえば、ある人がリカレント教育を受けようとすると、この人の今までの知識やスキルだけじゃなくコンピテンシー（能力、力量）を評価して、この人なら１年で十分ですとか決めなければなりません。しかし、「３年で許してやるか」という議論になってしまうのです。これでは、リカレント教育は、うまくいかないと思っていますが、いかがでしょうか。

　一般論で言うだけで相手を見ていないのです。教育とは何かというのを、教育者自身がしっかり考えていないのでしょう。私もそれは反省の時期にい

るわけです。ただ「反省」と言ってもしょうがないので、大学改革支援・学位授与機構としても、そのような方向を考えなければならないと思います。極端なことを言っているかもしれませんが、社会の要請を背景として出てきた専門職大学に関して、この議論がはっきりしてくるでしょう。企業も大学も、国際的に大きな議論になっている潜在的な知識やスキルを「使う」という能力の重要性に関する認識の欠落がありますが、これはわが国の社会的状況とも関係があり気長に議論する必要がある深刻な問題です。

　──欧米では最近「コンピテンシー」という言葉が使われます。知識、スキルそしてコンピテンシーですね。その「コンピテンシー」の学習成果はどのように測ったらいいのでしょうか。

　コンピテンシーとは、使える総合力ですね。それは、今日の今までの議論ではっきりしていると思うのですが、知識とかスキルという潜在的能力を「使う」という場面の重視が必要になったということです。実際に社会は人の関係で動くのですから、今の大学教育では測れないと思います。大学で、ある学生が何か、たとえば、学位論文を書き上げる、これが行為ですが、その過程でどのような社会的行動をしたかということは、論文の質に反映しているはずですが、明示的に出てきません。それは自分でもわかりません。しかし、何か具体的なものを作ると論文よりわかりやすいわけです。したがって評価できるわけです。先ほどの話題で専門学校と大学ということを考えると、具体的なものを社会との関係で作ることを義務づけられている専門学校の方が、学習成果からコンピテンシーの評価をしやすいのです。

　専門職大学は、今までの縦割りの固い構造とコンピテンシーを日常的に見せているような組織が合体しているのです。このことが、今の硬い縦割りの解になるでしょう。後で議論しますが、大学を卒業する時に「何を学んだか」の答えが、振動論がきちんと解けるようになったとか、数学の2階線形微分方程式が解けるようになったとか、そういう話しかありません。それらは、企業が求めるコンピテンシーと全く別物でしょう。

　企業側も、今まで企業人の育成を中心に考えて、人間が社会の中で活躍するという教育はしていませんでした。これから大学の人と関係業界の人がきちんと議論すべきであって、たとえば業界の方はまず「こういうコンピテン

シーを求めるのだ。」という点を明確にし、それについて大学側と議論をする必要があります。ここには、ある環境で知識やスキルが可視的になる状況の明確な定義なしにはコンピテンシーは予測できないものです。それのできない企業、あるいは大学で、予測できないものは評価できないということでしょう。

　──専門学校の訪問調査で、「この学校の出身者は、2、3年で他の会社に移ってしまうのが問題だ。」という意見が出ました。この意見に対して「同じような職種で、かつ、職場を変わることによって、本人の力量が認められ、地位が上がっているのであれば、大いに評価すべきではないか。」と言ったことがあります。どうも日本は定着率にこだわります。

　「モビリティ」というのが掛け声ばかりです。結局「モビリティは大切だ。」とは言いながら現場で起こっていることは、ある上司が一人の人を育てたと思っている時、その人が他の会社に行こうものなら、とんでもないやつだ、そんなこと言うのなら、もうおまえを認めないぞと、こうなる例がよく聞かれます。そういう言行の不一致がありますね。

第4節　学習成果の時代の倫理

　──今までの議論と絡んで第二のテーマの質問ですが、ご存じのとおり「学習成果」という言葉が盛んに使われます。昔は、教員が何を教えたかが問題でしたが、今やそうではなくて、1人の学生がどういうことを学んだかという学習成果が問われています。このような時代に、**教育する側としての倫理**について、どのようにお考えでしょうか。

　その問題も同じ問題だと思います。従来では、専門に入ってくると、いわゆる成果の評価が曖昧になってきます。ご存じのように、大学院の入学試験は4年制大学の入試よりはるかにルーズになっています。要するに、それはもう評価ができないと言っているわけです。なぜ評価できないかというと、それはカリキュラムの問題です。個性のない人を作ってしまうカリキュラムだからです。そうすると、計算能力が早いのがいいとかになってしまうわけです。その人が、これからエンジニアとして活動するときに、どのような成

第2章 「知識の使い方」の教育研究：分野横断的教育研究

果を得たのかという評価は、今の大学の仕組みでは、できないと思います。教えたことを調べてもわかりません。

　どういう科目を取ったかぐらいしか、なくなるのです。「一つ一つの科目を完全にマスターし、その単位を取っていることが一番いい。」と言うしかないのです。しかし、そんなものではないはずです。この人が、将来、日本に起こるさまざまな課題の解決に貢献するために、どのくらいの能力を持っているかを測りたいわけです。大学で教育を終えるわけですから、実際に社会に出て働くための能力を測りたいわけです。大学で誰もそんなことを評価できません。評価できないことを教えているのですから。しかし「評価は諦めなさい。」とも言っていられない状況が今起こっています。

　これは、非常に難しい問題ですが、当然やらないわけにはいきません。要するに、今の日本の大学教育は、国際的にみて非常にルーズです。たとえば、同じ学科の中で30ぐらいの科目があるとすると、その30科目がどのような連関を持って1人の人間を作るのかについての、徹底した議論はされていないと思います。表の上では連関づけてはありますが、本当に目的を定めて、そういうカリキュラムを組んでいるのかは明確に答えられないのではないでしょうか。

　私は、1年間ノルウェーの大学で一つの科目を作り上げる経験をしました。それは、機械工学でマニュファクチャリングです。いろいろな形の部品があり、それらの分類という課題があります。多種少量生産によって、いろいろな部品をバラバラに作っているものを自動化するテーマの科目を作ろうということでした。通常日本では「それじゃあ○○先生、これを担当してください。」で終わるわけです。ところがノルウェーでは違っていました。10人ぐらいの教授が集まって、合宿して議論を始めたのです。ある人がある提案をすると、別の人が異論を唱えて、侃々諤々の議論をしながら、半年以上かけて、教育内容を決めました。それで終わると、最初から決まっていたことかはよく知らないのですが、ある人が担当者となって、翌年からそれを講義しました。講義が始まれば、周囲の人は別に何も言わないのですが、そのシラバスを作る時には10人がかりで議論したのです。担当者は、議論に参加していたわけですから、その講義が学科全体とどういう関係があるのかは、

31

当然、よく理解しているわけです。このようにして、集団全員が、お互いみんな分かっているのです。その中には、デンマークからの哲学者が1人入っており、お互いに議論して、その学科全体が「産業はどうやって人々のためにならなければいけないか。」という社会科学的な側面も配慮されたカリキュラムとなっていたのです。私は非常に感動しました。これはその後、スウェーデンやデンマークの教育を知る機会もありましたが、北欧のいいところですね。

——そのような活動から、「アクティブ・ラーニング」が始まるのですね。

そうですね。現実の社会を見ようということです。日本の大学教員でアクティブ・ラーニングを、きちんとできる人はいないと思います。口では言っていますが。

——「カリキュラム・ポリシーの策定・公表は、一つ一つ確実に、その程度のことはやってください。」と書いてあるはずなのですが……。

現実はそうはなっていないと、私は見ています。

——アメリカの大学（スタンフォード大学）の1950年代の講義風景は、日本の今の大教室と同じです。大先生がしゃべって、学生さんは必死にノートを取っていました。ですが、今はそうではないわけで、それだけの努力が必要なのです。

社会的な変化に対応して、いろいろ変わってきているのですね。

——スタンフォード大学は、ABET[13]を降りるにあたって、学内で侃々諤々の議論をしたそうです。「ABETをやめたら、自分たちの子どもをスタンフォードに入れなくなるのか。」と聞いたところ、みんな否定したので、やめようということになったそうです。

そういうことが日常的に議論されており、教育を非常に重く見ていると言えるのではないでしょうか。

——日本の大学で見がちなのは文部科学省や政治家などです。それから一般企業人がこれが欲しい、あれが欲しいと言うと、それに対して比較的単純に反応して、このようなカリキュラムにしましたというケースが多くて、今、先生がおっしゃったような、一つの科目の中に何を盛り込むかについて、学科全体で議論する例は、ほとんどありません。

なぜそうなのかよくわかりませんが、古い風習が残っているのではないか

と思います。昔は教室は密室であり、一般の人は入ってはいけないと考えられていました。この状況は、最近かなり改善されたと思いますが、教授同士のコミュニケーションは学科によってかなり差があります。東大工学部でも学科によって違い、教授同士が仲のいい学科と、仲の悪い学科があります。仲の悪い学科は駄目ですよ。明らかに。

「学問の自治」と言っているわけですから、その根拠について明確に言えない現状は間違っています。やはり科学は常に原点に戻り、社会に浸透して、それだけいろいろな問題が起きて、もちろん生活が豊かになることに貢献しなければなりません。現在は、日本の国家としての状況は他国に比べていいと言われています。テロもないし、いろいろな意味で成功した国です。しかし、ある意味では、たまたま国際条件の恩恵を受けて、日本は良くなっているだけかもしれません。このことを私たち教育者はあまり考えていないと思います。

教育の国際的状況という点については、教育者たちの地を這うような努力が世界中にあり、途上国は途上国なりに努力しています。そこには多様な問題があると思います。その中で教育がいかに重要かということを、もっと考えないといけません。実際に、最近出てきたSustainable Development Goals（SDGs）があります[14]。これは、2015年に国連が決めて、2033年までにそういう実現を図ろうと言っているわけです。17項目が挙げられていて、日本は優等生になっています。

たとえば、科学技術振興機構（JST）、日本医療研究開発機構（AMED）および国際協力機構（JICA）が共同実施している地球規模課題対応国際科学技術協力プログラム[15]（Science and Technology Research Partnership for Sustainable Development, SATREPS）は、まさにSDGsに合うのです。このプログラムをファイルして見せると世界が「日本はもうやっているのだ。」と驚きます。

それに乗って各企業が、SDGsのために自分の商品を役立てようとしています。たとえば、ある機器メーカーは、アフリカの僻地に適合するトイレを提案しています。それは良いことですが、トイレだけ良くしてもしょうがないわけです。もっと社会的な格差の問題とか、総合的な問題のわけでトイレ

の問題も深い理由のあることなのです。このような表層的なものだけではなく、SDGsに対応するためには、分野横断的視点が必要です。すなわち、全ての学問を理解し、理解した人間が判断して、そして自分の専門を活かしていかなければならないのです。そういう意味でも、私は工学の教育者として大反省して、「他のことは気にするな、これだけやれ。」と言う伝統的な教えを変える論理を発見しなければいけなかったのです。時代の変遷に日本全体がついて行けなかった感じがします。

　——大学の責任は大きいですね。たとえば、オーストラリアやアメリカでは、企業人と大学人が、どのような能力を備えた人材が必要かについて議論しています。わが国では、このような議論はあまりなく、企業側から「今の学生は役に立たない、人材を育てていない。」などと一方的に言われているわけです。

　これはかなり大学にとってダメージを受けるのですよ。

　——とは言っても、企業は「自分たちの組織では、現在このような人材が足りないからこういう人を欲しい。」という情報をほとんど発信していません。日本国内の大きな問題ではないかと思います。

　企業自身が、それを分かっていないのです。人事課などに行くと未だに「今年は東大卒は何人だ。」などと言っているのです。だからお互い様ですよ。

　私が、希望を持っているのは、学術会議の下に設置された若手研究者の育成のための若手アカデミーがあります。定員は70人ぐらいですが、実際は40人ぐらいです。この連中と定期的に会う会があります。彼らは、自分のやりたい研究テーマについて科研費を取れないという不満が強いです。研究費の集中投資のせいで、研究を続けるためには大きな予算をとる大学教授の研究グループに入らなければいけないので、本当に自分の関心がある研究ができない。こういうことを素直に言うのです。不満だけじゃなくて、何を研究したいのかと聞くと、非常に根源的なことを知りたがっています。たとえば、日本はアメリカから受け入れた技術を、日本社会あるいは日本人は、本当に文化の観点から受け入れることができるのかどうかについて考えてみたいとか。国によって科学の使い方が違うのではないかということを研究しようとか。

ところが科研費が取れないのです。これらは、どちらかと言えば「知識の使用」です。「使用」について非常に自由な関心を持っているのです。しかし、知識を作る方にしか科研費が出ません。使う方には一切出ないので、仕方なく大きなプロジェクトの下にぶら下がって、教授の研究の中での役割を果たしながら自分の関心や他分野の勉強などをなんとか時間を見つけてやっているわけです。下手すると次のポストがないので、ポスドクなどでやっている。ここに明らかに日本の研究体制の衰弱性があります。その理由は、残念ですが、若者と今盛りである第一線の教授たちとの気持ちが違うことが大きいのでしょう。おそらくこの状況は、独創的研究が芽生えるという観点からの研究効率は悪いでしょう。若者の扱いについては、圧倒的に教授たちの責任であると思います。私だけでなく、みんなも反省して欲しいです。研究費の不足は本質的で増額の要求は必要ですが、若手研究者の研究環境が一番大切で、少ない研究費であってもその使い方は大切です。

第 5 節　普遍的な価値としての真理の探求

　——ちょうど話が研究に進みましたので、第三のテーマに関する質問に移ります。最初におっしゃったように、普遍的な価値としての真理の探求が、本来、大学がやらなければならないことです。ところが、研究者の周囲の環境が悪化したこともあり、誠実性の問題を含めて、問題になっています。このような状況になって、国の安全、企業の利益、あるいは大学の経営などが、本来であれば、真理の探究とは独立していなければならないはずですが、それが許されない状況になっています。ここに倫理の問題が出てくるわけで、どのようなバランスを考えるべきでしょうか。

　それは非常に深刻な問題で、最初にお話ししましたように、真理の探究以外をやれば、それは必ずある政権に役立つことで、他の人には不利となる、そういう知識を作る可能性がある。今の大型プロジェクトは、悪く言えば、国家のために、今の政権のためにあります。そこまでは言わないまでも、今の政治の行き方に適合する力をつけて欲しいというわけです。

　遠慮がちではありますが、今度は軍事もやろうとしているわけです。今の

第一部　高等教育機関の倫理

政権は「やはり軍備を拡大しなければ、北朝鮮に対抗できないぞ。」という言い方をするわけです。「武器の研究をしなかったら、日本はつぶれてしまう。」という人もいます。このような発言が、科学者にどのような影響を与えるか。それは科学者の仕事ではありません。今の政治情勢の中で、たとえば、大量破壊はしないけど、戦争に勝つための、小型の大量破壊とはならない核兵器を作ろうという研究は、やりたくないわけです。このように、一種のイデオロギッシュな考えに基づいたプロジェクトが出てくるとすれば、科学者はどうするのかという問題です。

「プロジェクト」は、ほとんど現代社会の課題があるから提案されるものであり、現代社会を豊かにする方向です。これは、明らかに、昔の人[4]が言った「純粋な好奇心」ではないわけです。それでは、「知的好奇心以外のものはみんな応用研究なんだから企業で勝手にやればいい、私たちは知的好奇心だけでやります。」でいいのかというと、そこに大問題があるわけで、これでは解決になりません。

先ほど言いましたように、基礎研究といえども人々に負託されていますから、絶海の孤島で基礎研究をやっているわけではありません。国の金（税金）を使っているのです。そして知的好奇心で基礎研究をする人を社会は認めてくれます。なぜ認めてくれているかというと、普遍的な知識を作るからだろうと思います。ところがその「普遍的」にも問題がある。出資者にどうしても影響を受けることになります。そこに本質的な問題があるわけです。中世の貴族にでもなって、なんでもやっていいというのとは違って、公的な金で研究をするわけです。国民はなけなしの金を出して研究してもらったわけですから、科学者はそれに対してどう応えるかという責任があります。

そこが矛盾概念になってくるわけです。要請に応える研究では、一定の人の利害関係に加担したことになりますから、要求を受けながら特定の人に加担しない方法を考えなければなりません。それを私は、ちょっと我田引水ですが、知識の使用方法に関する知的好奇心を持てばいいと思います（コラム1-6）。どのようなイデオロギーの人、あるいは社会的利権に関係する人でも、知識の使い方を知りたいのです。イデオロギーがぶつかっている状況でも両者とも必要な知識は使い方の知識です。本当に学問的に「知識の使い

36

方」が研究され、世の中に発表されれば、それは誰にとっても有用であるばかりでなく、同じ科学的知識が社会に異なる効果を与えるのは実は使い方により生じるのだということを、使い方の学問は教えてくれます。普遍的でない知識は、特定の人に利益を与えることになりますが、使い方の知識はそれがなぜ起こるのかを教えてくれます。使用の学問という視点がなかったことは、科学だけでは問題を解消できないということを意味しています。

> **コラム1-6**
>
> 社会は、知識の使い方に関する教育研究を必要としている。

　これは、デカルトが言っています。デカルトの『精神指導の規則』という本の訳本が岩波書店から出ています[16]。あるいは『方法序説』という訳本もあります[17]。第一の規則「明晰の規則」は、対象を明晰的に見ることを要請します。第二の規則は、これを分解してみなさい、これ以上分解できないところまでやって、分解した一つ一つをよく見れば、全体が理解できるというものです。自然科学は、第二の「分析の規則」によって、発展してきたわけです。

　しかし、デカルトは「そこまででものを理解できたと思ってはいけない。」と言っています。バラバラに分けて、これ以上分けられないものが多数目の前にある。これから選んで積み木細工のように積み立ててみなさい。すると元あったものとは違うものが、いくらでもできてきます。これを「総合の規則」と言っています。この総合の規則は、難しいことだとデカルトが言っていますが、冷静にやらなければいけません。これは工学などの総合科学に対応するでしょう。しかしそれでも十分ではありません。

　次に「枚挙の規則」があります。作ったものを数え上げてみなさい。違うものが、いっぱいできてくるでしょう。まさにレゴみたいにでてきます。レゴには、決められた一定の要素しかないのに、いろいろなものができます。我々の目の前にある要素は、もっと多様で数も多いです。しかし全部作ってみて、全部枚挙した時に、あなたは初めて「これを理解した。」と言うことが許されます。

当時も機械という分野があったのでしょう。機械についてデカルトはこうも言っています。機械の教授は、ものの本質もわからずに何かものを動かす機械を持ってきて、それを見せて機械とは何かを定義し喜んで教授しています。彼らは物事の本質の何も知らずに、使えるものを使っているに過ぎないと批判しているのです。これを見て私も大反省です。何も分かっていないのに「これを使えるよ、使えるよ。」と言っています。これは総合の規則を一回だけ使った段階に過ぎず、枚挙の規則で何ができるかを考えることはしないままです。枚挙の規則を学生に教えたら、彼らは一体何を作ることができるのか、その教授は想像すらしないのです。

振動論だけあるいは燃焼学だけ教えるわけで、それが何に使えるかという例は教えますが、それ以外の使われる可能性の全てについては考えていません。極端な例ですが、エネルギー源として作った原子力の科学を発表したら原子爆弾になってしまったわけです。

このような科学の現実は、先ほどのブダペスト宣言[10]にも「科学的知識の利用」という言葉で言及されています。デカルト風に言えば、明晰はともかく、科学者は二番目の分析の規則にばかり関心を持っています。これをもって、立派な知的関心と呼んでいるわけですが、デカルトは「総合してみろ」「たくさんできるから枚挙してみろ」と言っているのです。そのことについては関心を持たなかったというのが、ご質問に対する答えです。知識の使い方を研究することは、ある科学的知識が社会的に何を生み出すかを枚挙することにつながり、その知識の潜在的効果あるいは危険を知ることです。それは異なる思想を持つ人を通して共有することができる知識ではないでしょうか。今まで言っていた普遍的な定義を超えて、さらに進んで普遍的な知識と言えないでしょうか。それは、価値観の違う人が科学的知識を正当に使い、使ってはいけないことも共有できる社会への道ではないかと思います。

《注》
（1） ジョン・F・ケネディ大統領就任演説（1961）https://www.jfklibrary.org/learn/about-jfk/ historic-speeches/inaugural-address
（2） NASA Langley Research Center's Contributions to the Apollo Program（2008）

第２章　「知識の使い方」の教育研究：分野横断的教育研究

　　　https://www.nasa.gov/centers/langley/news/factsheets/Apollo.html
（３）　川口昭彦（大学評価・学位授与機構編著）『大学評価文化の展開—わかりやすい大学評価の技法』大学評価・学位授与機構大学評価シリーズ、ぎょうせい、2006年、pp. 3-5
（４）　パース著、上山春平・山下正男訳『世界の名著48：パース・ジェイムズ・デューイ』中央公論社、1968年
（５）　1968年フランスの学生による五月革命に代表される世界的な大学紛争の嵐は、日本にも及び、70年末にはほぼ終息した。紛争の原因や様相は多様であり、学問、教育、研究のあり方、大学の自治への問いかけから、社会体制の変革、国家権力の打倒をめざすなどさまざまであった。わが国の大学紛争では、「産学共同反対」は重要テーマの一つであった。
（６）　日本ユネスコ国内委員会、ESD　http://www.mext.go.jp/unesco/004/1339970.htm
（７）　持続可能な開発　https://www.mofa.go.jp/mofaj/gaiko/kankyo/wssd/wssd.html 川口昭彦（大学評価・学位授与機構編著）『大学評価文化の展開—わかりやすい大学評価の技法』大学評価・学位授与機構大学評価シリーズ、ぎょうせい、2006年、pp. 20-33
（８）　1972年６月にストックホルムで開催された国連人間環境会議（国際的に最初の会議）。宣言前文で「人間環境の保全と向上に関し、世界の人々を励まし、導くため共通の見解と原則」を謳い、自然環境と人工的環境の両者が、福祉、基本的人権、生存権の享受のために不可欠であり、環境保護と改善が全ての政府の義務であるとした。「共通の信念」として、天然資源の保護、再生可能な資源を生み出す地球の能力の維持と回復・向上、野生生物とその生息地の保護、有害物質の排出等の停止、海洋保全の徹底、生活条件の向上、途上国の環境保護支援、都市計画上の配慮、環境教育、環境技術の研究と開発などを列挙している。http://www.aseed.org/rio-10/report/stockholm.htmさらに、1992年６月にリオデジャネイロ（ブラジル）で開催された環境と開発に関する国連会議（地球サミット）を経て前述（p. 15）の持続可能な開発に関する世界首脳会議（ヨハネスブルグ・サミット、2002）に繋がった。
（９）　World Conference on Science. Science for the Twenty-First Century UNESCO-World Conference on Science Home Page. http://www.unesco.org/science/wcs/index.htm、世界科学会議（World Conference on Science）について（報告）http://www.scj.go.jp/ja/ info/kohyo/pdf/kohyo-17-ki04-1.pdf
（10）　科学と科学的知識の利用に関する世界宣言　http://www.mext.go.jp/b_menu/shingi/gijyutu/gijyutu4/siryo/attach/1298594.htmより抜粋
（11）　小林信一他（2012）アメリカの工学教育改革を牽引するオーリン・カレッジ　工学教育60, 5 pp. 18-23 https://www.jstage.jst.go.jp/article/jsee/60/5/60_5_18/_pdf

第一部　高等教育機関の倫理

(12)　専門職大学設置基準案について　http://www.mext.go.jp/b_menu/shingi/chukyo/chukyo4/gijiroku/attach/icsFiles/afieldfile/2017/08/25/1394379_03-2.pdf。専門職大学等の設置について　http://www.mext.go.jp/a_menu/koutou/senmon/icsFiles/afieldfile/2018/11/16/1410421_001_1.pdf
(13)　ABET Accreditation http://www.abet.org/accreditation/
(14)　持続可能な開発目標　http://www.jp.undp.org/content/tokyo/ja/home/sustainable-development-goals.html
(15)　SATREPSとは、開発途上国の研究者が共同で研究を行う３～５年間の研究プログラムで、国立研究開発法人科学技術振興機構（JST）、国立研究開発法人日本医療研究開発機構（AMED）と独立行政法人国際協力機構（JICA）が共同実施している。https://www.jst.go.jp/global/
(16)　デカルト著、野田又夫訳『精神指導の規則』岩波文庫、1974年
(17)　デカルト著、谷川多佳子訳『方法序説』岩波文庫、1997年

第3章
濃密な人材養成：10年スパンで物事を考える

　急速に進展しているグローバル社会を生き抜くため、大学教育に求められている内容を一言でいえば、ネゴシエーション（negotiations：人との交渉・話し合い、困難などの突破）能力を学生に習得させることです。ネゴシエーション能力を発揮するためには、豊かな知識やコミュニケーション能力などのスキルはもとより、建設的批判思考（critical thinking）や、創造的思考、分析的な論理づけ、理論の応用などの能力が不可欠です。すなわち、巷では「人間力」と言われている内容であり、習得した専門的・実用的な知識・技能を、新しい状況においても活用することができるという身についた能力に関するものです。学生の内向き志向が指摘されている日本では、心身ともに「強く逞しい」かつ「フレキシブルな思考」によって「他者を巻き込む魅力」を備えた若者の育成が、喫緊の課題です。

　グローバル化の時代は、同時にアイデンティティーの時代です。世界展開を急速に進めなければならないわが国が、世界に対してプレゼンスを示していくためにも、「グローバル化」と「イノベーション」をキーワードとして日本の将来を背負っていく若者が渇望されています。この章では、佐々木毅先生（元東京大学総長）にご意見を伺いました。佐々木先生には、大学改革支援・学位授与機構の法科大学院認証評価委員会委員長を長年お引き受けいただき、今回も大学質保証について大変有益なご示唆をいただきました。

第1節　本音主義の台頭

　——大学に対する要望は非常に多様になりましたし、入学してくる学生も学習歴を含めて多様です。さらに、大学に対する財政支援はプロジェクト中心になりつつあり、「アカウンタビリティーを果たす」ということが重要となってきました。
　長期的な視野に立った人材養成やそれに必要な基礎的研究を進める上で、このような状況とどのように調和を図るべきかが大問題です。これを考える上で、学

第一部　高等教育機関の倫理

術の基礎（倫理）について先生のご意見を伺いたいと思います。

　難しい問題で、簡単に割り切れる話ではありません。日本の大学を日本社会の中でどう位置づけるかという話から始めましょう。大学に対する社会全体としての投資が十分であったかという問題はありますが、大学やそこで行われている教育について、「こうあるべきである。」という基準やこだわりがあった時代がありました。最近、そういうものが空洞化してきているのが明らかで、一種の「本音主義」が出始めています。これに対して法律は、ルールに沿って、人工的な空間の中で、物事を処理しようという話です。そういう意味で言えば、いろいろな意味で本音から距離を置いた世界が、本当の知的な世界であり、問題処理の世界であるわけです。あえて言えば、そういうことであるべき世界が成り立っていたわけです。

　どうしてそうなったのかよく分からないのですが、世界中に今、本音主義がはびこっています。トランプ大統領は、日本流にいうと、本音主義だと思います。誰もが言わないできたこと、今までであれば言ってはいけないとされてきたこと、あるいは、このように語らなければならないことなどを、ある意味で、みんな放り出して、Twitterでベラベラしゃべりまくるわけです。ある程度これに支持があるようです。他国のことをとやかく言うつもりはありませんが、今まで頑張ってきた政治的に正しいとされてきたこうしたルールなどは「一体何だったのだ。」という話になります。

　このように本音ベースの風潮は、アメリカだけではないようです。日本には、もともと「本音ベース」というのは結構強くありました。それとの対比で「象牙の塔もちょっとぐらいあっても悪くないね。」程度の感じでやってきたわけです。すなわち、これが「棲み分け」です。

　今世界中で、そういう棲み分け構造のようなものの持ちが悪くなってきています。戦前でいうと、おそらく美濃部機関説[1]というような、いろいろなルールの世界（大学も含めて）が動揺している感じが、目につきます。本音ベースの話は「役に立つ、儲かる、あるいはすぐ効果が出るというのでなければ駄目だ。」となります。非常にラフな言い方をすれば、そういう単純化の受けが非常によく、「そうかもしれないけどしかしね」というこの「しかしね」が次第に弱くなってきています。

42

この本音は、一見大変利口そうに見え、結構なようにも思えますが、決定的なマイナス面は自己点検能力がないことです（コラム1-7）。本音は全てだと思い込み、本音とは何かということについて、ついぞ考えることをしない人たちが、本音を振り廻すのです。

> **コラム1-7**
>
> 「本音」のマイナス面は、**自己点検能力**がないこと。

　——それが正しいようなことを言い出しますからね。
　自分を完全に非対象化するという厄介な問題ですね。これは日本思想の中にも根深くあるわけで、多分、本居宣長あたりからそうなったのではないかと思います。ある種の自己肯定主張ですが、本音は、それ自体を基礎づけよう、あるいは正当化しようという話になるとトートロジーになってしまいます。したがって、説明能力はあまり高いとは思えません。しかし、何となくそれで押し出されてくると、かなりの人にとっては「本音なのだから、いいのではないか。」ということになります。
　それで、何となく落ち着くという話をめぐって、もっとせめぎ合いがあっていいと思います。たとえば、「日本の大学が、見方によっては、それなりに大いに役に立ってきたので、今日の日本がある。」という考えが、なぜ間違っているのかよくわかりません。しかし、このような話をすると、おそらく本音論者は怒るかもしれませんが、どこからどこまでがそうであったとか、どこかから後は良くなかったとか、いろいろな線引きが必要になり、点線を引いたり実線を引いたりして区別する必要があります。いずれにしても、そこを自己対象、自己精査あるいはチェックがないままに、いろいろなパフォーマンスの話（たとえば、役に立つ、儲かるなど）だけが、広く流通するようになってきています。それらについて、社会の側も自己点検してもらえば、もう少し話のバランスが変わってくるような感じがします。大学ばかりが自己点検させられたのではかないませんよね。大学も、要所要所で関与しているのですが、いくら手を出してみても余り評価してくれません。評価機能もそうなっているのではないかと、ひそかに心配しています。全否定

と全肯定とは、もともとありえない話ですから、バランスをどの辺りに考えるかが重要です。前からそういう話はありましたが、バランスがかなり大きく一方にシフトしているのが現状でしょう。

　大学について言えば、こういうことを言っていいのかどうかわかりませんが、それほど遠慮する立場にもないので言いますが、「文部科学行政は今あるのか？」ということが、正直よく分からなくなってきました。「要求取り次ぎ」というのはあるらしいのですが。そこを独自にこなすのが、給料をもらってる人たちの仕事ではないのかというのが私の疑いです。要求を出す社会の方は、私が見る限り、実に気楽に言っているのです。結構、無邪気にいろいろな思いつきを言っているわけです。

　——しかもかなり短い視点ですね。

　短い。とくに役に立つか否かは、時間の幅をどこまで取るかによって違ってきます。これを抜きにして議論したら、すぐ役に立つ、すぐには役に立たないという話で終わってしまいます。要するに、時間の軸を長く取るかどうかの問題です。昨今の政権は時間のスパンが極めて短く、ますます短くなっています。少なくとも平成に入った頃は、「国家100年の大計」とか言っていましたが、今や１年の大計、あるいは、１国会の大計になっています。その意味で、全体として時間の射程距離が短くなっています。これは日本社会全体として結構深刻なことではないかと危惧します。そのため、忙しくなる、次々といろいろなことをやらなければならなくなり、そして消耗しています。また、せっかちになって、焦っています。おそらく不安感があるのでしょう。

　事業の成果・効果を検証するために数年程度の時間がかかるはずの話を、取っ替え、入れ替えて応募をかけるということをやっています。企業は四半期決算で、企業の経営者の中には、これに対して「もっと長くスパンで経営させてくれ。」という意見を持つ人は珍しくありません。高等教育機関の認証評価は、少なくとも５年のスパンで物事を見ているのは当然ですね。

　——プロジェクト研究が、まさに、そのようになっています。

　プロジェクトの中身が、だんだん劣化する傾向も明らかです。最初の頃と比べると、だんだん出し物がなくなって、疲弊してしまうわけです。それで

第3章　濃密な人材養成：10年スパンで物事を考える

も、予算を取るためには、やらざるを得ないのです。私の友人がいうには、何かバッタやカエルが跳びつくみたいなことばかりやっています。跳びついて取ったら疲れてしまい、疲れが癒える頃には、また跳びつかなければいけないという状況になっています。恐れているのは、何か確固たる方針に基づいて見通しが立つような話を全体としてやっている状況なのかどうかの問題です。はっきり言って、10年先あるいは15年先のことは度外視されます。とりあえず、単年度予算の中で回さなければいけないので、忙しくみんなのエネルギーを使っています。その結果として、大学という組織がエネルギー切れ、スタミナ切れを起こしています。

　その結果、大学という組織が内側から崩れていくことにならないかが懸念されます。「異なる二つの方向があって、どっちを取ればいいでしょうか。」という議論の前に、組織そのものが崩れるのが心配です。両方向とも、それなりにいろいろな問題点があることを認めますが、そのままではもたないでしょう。今起こっていることは、このようなレベルの話ではなく、もうちょっと雑な話が起こってはいないだろうかということです。私の意見では、ここで時間をおいて、少しゆっくり考えたらどうかということです。

　いろいろな意見を社会の中、政治からもビジネスの世界からも出してもらって、一呼吸置いて考えるという時期にあるのではないでしょうか。「今までこうだったけれど、こうやれば良くなる。」など考える必要がありそうです。それで、納得のいく話がすぐ出てくるかといえば、その都度ニーズはありますから話は無限に続きます。しかし、リソースが際限もなくあるような妄想にとらわれるのではなく、人的・物的リソースが限られている中で、コントロールのいい球を投げてもらう必要があります。リソースをいわば自己消費するようなサイクルに組織を追い込んでいくことは、後から見て非常にまずいというのが基本的な一つの視点です。

　第一のテーマ（p. 10）にあるプロジェクトの社会的ニーズも、一つは時間の軸だろうと思います。人材養成の世界においても、どれだけ明快かつ説得的な指標が設定できるかという問題です。しかし、先ほども言いましたように、人材養成ほど厄介なものはないと言えます。偶然性がありますし、いろいろなチャンスによって左右されます。もちろん、大きな意味で時代に

45

第2節　濃密な人材養成

──あるいは環境によって変わります。

　環境に左右されるなど、ものすごく変数の多い作業です。したがって、いろいろな意味で、さまざまな限界があるだろうと思います。経済人と話していると「基礎がちゃんとできてる人であればうちは採ります。」と言います。多分、人事部は違うことを言っているに違いないと思いますが。それであったら「昔も今も変わらないではないか。」という話になるわけです。

　人材を要求する側の説明責任を、もう少し明らかにした上で、全体の議論の舞台のバランスをリバランスする場を、とくに文部科学省は責任を持って作るべきだろうと思います。そうでないと、バランスが悪いまま要求の量だけが増えて、コントロール不能になってしまいます。この意味で、社会的なニーズは無視すべきだとか、あるいは50年先だけを考えればいいとか言うつもりは、必ずしもありません。ただ、一つ基本的な課題として、理科系はよく分かりませんが、文科系の教育では、人材育成の濃度というか、濃密度が薄いと思います。要するに、チョイスを提供することはやってきたと思います。カフェテリア風にやってきたのでしょうが、何か一品取って終わりみたいなカフェテリアができてしまっています。これは外形的にも評価しやすいですから。反省を込めて言うのですが、「濃密さ」「濃さ」[2]が日本全体の教育、人材育成の中で、どのように考えるかが課題でしょう。私は思想史を専門としてきましたから、とくにそう感じるわけで、教科書を読んでも何も面白くないわけです。

　おそらく理科系は体を動かしたり、相撲部屋みたいなところがあります。文科系は体も動かさない可能性がありますから、人生でハタと思うような深刻な問題、悩む問題あるいは悩ましい問題などに、1回も出会わないままスーッと大学を通り過ぎてしまうケースをどのようになくすかという問題です。

──日本では、むしろそれが一番ベストであるという文化があるのではないで

しょうか。

　それであったら明治の時代と変わらないわけで、本当は戦後もっと「濃さ」に拘るべきだったと思います。ところが、数を増やせという量的拡大に追いまくられたわけです。教員は楽だし、私の世代は見事にキャリアを終えることができました。

　——ベネッセのアンケート調査結果(3)にありますが、教員だけではなく学生もそれが楽であると答えています。

　そりゃそうだ、学生も楽なのですね。要するに、教員が言っていることをノートに取って、試験でいい点を取ればいいわけです。

　だから、深さというか濃さというか、これを大学在学中に、1回か2回どこかで出会わせる機会を作るべきだと思います。そのような機会に一度も出会わない人たちでも、この資料（図1-1、p. 7）に出てくるように、おそらく何十年も同じところに勤めることはなくなり、40歳ぐらいで次の職を探さなければならなくなるでしょう。また、広く浅く学んだ知識の陳腐化は、ものすごい勢いでスピードアップするでしょう。このような状況を乗り切っていくためには、昔、大学の授業で学んだ知識だけでは役に立ちません。

　われわれ高度成長時代を過ごした人間たちは、かろうじて何とかなったのだろうと思います。いずれにしても陳腐化はすごく進みますので、教養のある人材とか、思考力のある人材とか、アクティブ・ラーニングとか、スローガンはいろいろあります（コラム1-8）。ただ、どうにもならない問題というのは世の中にいくつかあって、いずれはそれにぶつかります。読書を通し

> **コラム1-8**
>
> これからの人材に求められる能力とは
> 1) **主体的に物事を考え**、それを他者に伝えられる。
> 2) 異なる文化や歴史をもつ人たちと理解しあい、**自分の考えを伝えられる**。
> 3) 相手の強みを理解し、**新たな価値を産み出せる**。
> 4) **地球規模の視点をもち**、既存の価値観に囚われずに物事に挑戦できる。

第一部　高等教育機関の倫理

てであれ、ディスカッションを通してであれ、あるいは個人的であれ、そういう話と「引っ掛かり」が余りにもないのです。引っ掛かることがない学生生活を送るということは、基本的に日本が抱える問題としてあると思います。「引っ掛かる」ためには、必要なエネルギーを使わなければいけないし、時間も使わなければいけません。

　——むしろ、そういうのに引っ掛からないのが一番いいという感覚があります。だけど、若い人にとっては、将来を考えると、むしろ「引っ掛かる」方が、いいわけですね。

　そう言っては悪いですが、誰とは言いませんが、海外に行って日本人があいさつしますね。5分間ぐらいしゃべると聴衆は、彼自身が考えているのか、課長が書いた原稿を読んでいるのかは、すぐ分かってしまいます。分かった途端にコミュニケーションが途切れてしまいます。これは恐ろしいことです。それを分かってる人がいるということの怖さを知らないままか、あるいは知ってるか、そこのところは分かりませんが、国内でそういう目に遭っていないということだけは確かです。結局これは、日本の人材に対する評価が、海外で恐ろしいほど厳しい目に晒されていると思った方が間違いないでしょう。このような人たちは、データ等を集めてきて自分で考えるという癖がないわけです。エリートだろうと思いますけれども。

　日本の教員たちは、みんなスルスル通り抜けるような授業をやります。昔の教員たちは、もっと稚拙でしたから、逆に印象に残っています。サラサラやる授業は、スーッとこっちから入ってこっちから抜けていくみたいな、立派な授業になるわけです。試験には役立つのかもしれませんが、社会で活躍できる人材を育成するという視点からはどうでしょうか。これは、今始まった話ではなくて、ずっと以前からあった話ではあります。しかし、これから世界で活躍する機会が増えてくるわけですから、そこのところをどのように補強するかという問題があります。多様な社会的なニーズにどう応えるかという問題に対して、間違いなく猛烈な勢いで日本の人材は陳腐化していると感じています。これは恐ろしい話だと思います。

　時々「However……」と言える人が少しは出てきて欲しいですね。「いやしかし、こうじゃないのか。」「こういうふうなものの考え方をすべきじゃな

いのか。」あるいは「このような観点からこの問題にアプローチすべきだ。」などと言う人たちがいないと困ります。

──そういう議論をしながら進めるのがアクティブ・ラーニングです。現在、小学校からかなりやっていますから、大学に入学してくる学生も変わってくるかもしれません。

確かにアクティブ・ラーニングの効果は出ています。大学に入学してくる学生も次第に変わってくるかもしれません。しかし、アクティブ・ラーニングもその先が問題です。取りあえず「質問だけする。」という風潮が出てきて、高等学校で講演をするのは難しいという話も聞きました。これはこれで、どのような成果を期待し、それがどう上がっているかを長期的に検証する必要があります。私の体験論から、やはり浅さというか、薄さというのが、どこまでそれによって乗り越えられるかが肝心な点です。

もちろん、やらないよりはやった方がいいと思います。これからは、受ける側の問題です。ランウェイという形で往復運動がきちんと起こるかどうか。アクティブ・ラーニングについて、何かと言えば、役に立つ、儲かるなどということを口にする人たちが、これをどのように評価するのであろうかと興味を持って見ています。彼らの趣味に合うのか、彼らの息子や孫たちがどうなるのかなどは、オープンクエスチョンとして残っていると思います。しかし、今までとは異なる試みであることは事実です。10人いれば5人ぐらいは、なるほどと思うような話も若い人がしてくれるケースもありますから、これからという感じは私もしています。

第3節　大学と社会のポジショニング

──視点を変えますと、先生もおっしゃったように、大学だけではなくて、日本の社会全体の問題があると思います。たとえば「今の大学生は役に立たない。」などよく言われますが、困ったことに、企業の方から「自分たちの組織が、今こういう人が欠けているので、今度はこういう人が要る。」という情報は出ていません。

この組織（日本生産性本部）でも、そこがいつも問題になっています。わ

第一部　高等教育機関の倫理

れわれの間でも「あなたの会社、何がどういう基準で人を採用するのですか。」「アドミッション・ポリシーということをよく皆さんおっしゃいますが、あなたの会社のポリシーがわかりませんけれど……」などという発言が飛び出しています。

　各企業では、そういう議論をしているでしょうが、相互におそらく横ばかり見ている人事部の世界が相変わらずまかり通っているのでしょう。だから、そこを変えれば、外形的には、ある程度は変わるかもしれません。中身の方はともかく、人の動きが変わる、学生の動きも変わるわけですから、どうしても対応が求められるようになるでしょう。それから英語の習得だって、ある意味でそうなのかもしれません。中央教育審議会（以下「中教審」と略します。）であれだけ苦労して議論するよりも、企業からメッセージを発する方がスピードアップになると思います。中教審でいくら議論しても、就職までには、いくつものステップが、あるわけですから。

　先ほど言いましたように、バランスの問題を考える必要がありそうです。大学は、今コーナーに詰まっていて、こうしろ、ああしろという要求が、ワーッと押し寄せているでしょう。その場を少しリバランスすることが必要でしょう。たとえば、企業側から人材についての情報発信の話など、アカウンタビリティーを果たしてくださいよと。

　──要するに、大学が「ろくなことやっていない。」と一方的に言われてるだけで。

　一番深刻な問題は、社会全体の中での大学のポジショニングの問題です。これが変わらない限り、大学改革論をやっても、ある程度テクニカルな改革はできるかもしれませんが、ここで出されているいろいろな課題は、なかなか説得的な形でボールが転がらないのではないかと思います。あまりにも今、非対称的なポジショニングが、この日本の社会に定着してしまっています。私が現役の頃は、まだ良かったと思います。あの頃の方がまだいくらか動けたし、動くとそれなりのポジティブな評価がきました。しかし、最近は一方的になってしまっている感じがします。

　翻弄されるばかりで、大学では、みんなあたふたしています。こうなってくると、「何もしない方がいいのではないか。」ということを言い出す人が逆

に出てきかねないほど、あたふたしています。

評価機関もそうですし、文部科学省もそうですが、少しその全体の配置図みたいなマップを、一方的なワンウェイストリートから、少しダブルトラックにするように考えてはどうですか。あるいは社会における大学の相対的位置を少し動かすようなことも考えられます。

――そういう情報が出ないというのは、日本の特徴です。海外では、その組織の中で、現在の状況を議論して、その情報は発信されています。

だから、人材獲得競争でおそらくまずい状況になっていると思います。外国人か日本人かどっちでもいいのですが、ポリシーをはっきりして欲しいと言っているわけです。ここではこう言い、あそこではこう言い、学生には何も言わないというような、不透明性が問題です。

――私は、外国人留学生の奨学財団の選考委員を、複数やっていますが、奨学生が、この数年、日本の企業に就職する数が増えてきました。5年ぐらい前までは、その会社の海外オフィスに勤める例が大部分でしたが、最近は日本国内で就職している学生が増えてきました。ですから、少しずつ良くなってきているのかもしれません。

外国人留学生の問題もあると思います。これは、ビザの問題も含めて、大学としてできる話があり、積極的に発言すべきだろうと思います。私が総長の時、いろいろな財団の人を集めて、外国人留学生との交流会をやりました。年に10人程度に奨学金を出しているにもかかわらず、外国人留学生を1人も採用していない組織がほとんどでした。これもまた変な話ですね。

「金を出すのだったら雇うのが当たり前でしょう。」と言いたかったです。その後、状況が少し変わりつつあるのは結構なことです。ただし、就職の話は、文部科学省に言うのではなく、経団連などに言うべき話かもしれません。大学から攻勢をかけるとしたら、人材についての社会の要求について、曖昧模糊とした本音主義ではなく、アカウンタビリティーのはっきりしたリクエストやポリシーを出して欲しいというのが、一つの切り口でしょう。それには学生も賛成すると思います。このように、少し土俵の位置を動かすことが必要でしょう。それは、たとえば国立大学協会や私立大学連盟などがやればいいのですが、やりませんね。

――地方大学が多いのですが、結構やっています。要するに、どういう人材を求めているかということを、地域の企業などに聞いています。いくつかの国立大学は、求められている者と出している者とのギャップが、どの程度あるかという調査を実施しています。企業が求めるのは、ほとんどがコミュニケーション能力とか、それから語学力とか、あと協調性とか、ごく一般的な内容です。大学でそれを学ぶ、大学だからそれが学べるといったような能力は、あまり求められていません。とくに、専門知識に対する需要というのは、昔からそうでしたけれども、一向に伸びていません。大ざっぱにまとめてしまうと、社会は大学に対して、専門的な教育を求めない。それから、余計なことを考えるほどものを考えなくてよくて、人と仲良くやっていけるぐらいのコミュニケーション能力が必要で、今後は外国語もできるといいねというようなイメージで、理想の人材像を描いています。

　昔とあまり変わりませんね。だけど、要求というか、風圧だけは強まってるわけです。その辺の整理を企業側にしてもらうのか、大学側から打って出るのか知りませんけれどもね。一つは、大学問題なのか、社会問題なのかというのが、非常に悩ましいところです。何割かは社会問題じゃないかと思います。先ほどから言っているように、要するに綱引きの綱の中心が初めから相手方有利になっているわけです。それを少し是正しないと、全体について綱引きにならないような状態になってしまっています。

　――綱引きにもなっていなくて、引きずられているだけです。

　だから、そういう社会問題と教育問題というものを、文部科学省も含めてですが、大学の方で整理をすることです。その上で、いろいろな要求が来るには来るとしても、それらについて、優先順位をつけたり、対応するに値するもの、あるいはどの程度のスパンで対応することが可能なものなのかなどを整理する必要があります。とにかく、曖昧なままで振り回される状況を、とりあえず、何とか落ち着かせることが肝要です。後で考えてみて、「何をやっていたのだろう。」という話は、知性やインテグリティを疑わせることになります。

　――中教審のいろいろな報告書でも、序文や第１章ぐらいには、望まれる人材像が書いてあります。それだけを読むともっともらしいし、それ自体は、今のよ

うな内容を含んでいます。ここまでは、社会側というか企業・産業側とも同意できる記述になっています。ただ、問題はその先が非常に総合的記述となっており、具体的に大学として、どのように対応したらいいのかについて、いまひとつ方向性が見えてこないように思えます。

　中教審はそこまで言えるのですが、その先のメッセージが出てこないと、回路はつながらないわけです。その先は、非常に思いつき的なものが多くなり、しかも量だけは多いということです。あるいは、おそらく大学によって異なる部分も出てくるのでしょう。

第4節　学習成果

　──教育パラダイムから学習パラダイムへのシフトによって、今や「学習成果」という言葉が頻繁に登場します。たとえば、アメリカでは、卒業後に卒業生がどのくらいの給料を得ているかというデータが発表されています。このような動きに対して、教育課程の内容や方法、教育課程の編成における学問的な水準や体系化、さらには、公平な試験、成績評価における厳格なルールや規律などは、今まではおそらく学術的な規律によって保証されてきました。

　最近は、最初に先生がおっしゃった本音主義が出てきて、卒業して一体どれほどのものになるという話になってきています。これまで教育の質というのは、きちんと教えているということでやってきたわけです。この二つをどのように考えればいいのかという問題です。とくに、評価する立場から言いますと、10年後の給料なんて評価しようがないわけですが、一見給料だから測定可能なようにも見えます。今後は一体どちらの方向へ行くのか、行くべきなのかということについて、ご意見を伺えればと思います。

　学習成果ですか。いやいや、大変ですね。これは、昔からあった話といえばあった話ですが、「いかに俺は学校に行かなかったか。」ということを、まず最初にしゃべる人種がいました。何代か前の総理は、必ずそう言って「でも総理になった。」と言っていました。しかし、教育の面白さというか、教育の醍醐味は、何に出会うか分からないということだと思っています。当然知らないものにも出会うわけです（コラム1-9、p. 54）。私たちの世代と

違って、教えられなければ、知らなくても当たり前だという世代が、ある時から出てきましたね。私たちは、教えられなくても知ってるのが当たり前じゃないかという世代だったかもしれません。

> **コラム1-9**
>
> **教育の醍醐味は、知らないものに出会うことである。**

いろいろな先生がいました。しかし、教育というのは、やはり意外性と出会うチャンスです。先ほどの話ともつながるかもしれませんが、問題と出会うチャンスが教育の一番のコア部分にあると思います。授業に出るのは、要するに出会いのため。友人と出会うためでもあったり、4人に出会うための、マージャンをやるための授業というのも昔はありましたね。それらはともかく、聞いたことのない問題、どこかで起こっている問題、日本ではないかもしれない課題や問題、あるいは意外な事柄に出会うことが、教育が持っている知的な刺激剤としての効用と思います。

個人的なことを言いますと、ある授業に出会ったことの幸せというか、感謝で忘れられない一つの思い出があります。その授業では、思考のプロセスは単純なものではなくて、幾重もの層が分かれていて、それを推し進めていくと、どういう日本政治思想になるのかなという思いに浸った経験があります。全てがそういう授業ばかりではないわけで、そこが教育の難しいところでしょう。

売られている教科書のとおりの話をすれば、教科書で勉強していけば試験で点が取れますから、学生が一番喜ぶことかもしれません。しかし、そういう授業ばかりではなくて、その大学の多様性、教員スタッフの多様性などの中に、思わぬ宝物が隠れているということがあります。

——全ての授業が、そういうものである必要はないかもしれませんが、そういう授業は必要ですね。

後で考えて面白いと思ったのは、私は政治学が専門でしたが、法律学の授業も多くありました。最初は法律学というものがよく理解できなかったのですが、最後に「なるほど、そういうことか。」と自分なりに理解できまし

第3章　濃密な人材養成：10年スパンで物事を考える

た。ここに書いてある条文がわからないとか、そういうレベルの話ではないのです。

　授業では何十年もかけて研究してきた教員が「法律学というものが何で、法律学は学である。」という内容を、一生懸命しゃべっているわけです。生意気にもだいぶ無理してるなとか思いながらも、学生時代は斜めから見ていましたが、卒業する間際になってから「なるほど、こういうことか。」と理解できてきました。期末試験では、随分いい答案が書けたと自負しています。それより１年前は、書く知的な奥行きと言うと少々仰々しいのですが、おそらく、言われたことに答えるような答案しか書く余裕がなかったと思います。そういういろいろな講義を聴きながら、陶冶するというのか、耕すというのか、これは、大学生活のある種の醍醐味であったと、先ほどの古い世界の人たちは考えてきましたし、私もそう思ってきました。

　しかし、考えてみれば、それぞれの人たち、それぞれの学生が、自分なりの人生のストーリーを持っていると思います。その中で大学で過ごすことによって、どのようなストーリーが、そこで実現しようとするのかです。私はよく卒業式で「最も手っ取り早く言うと、とにかくすごい人を見つけなさい。」と言いました。自分と同じ世代で、自分が全然かなわないと思う人をとにかく見つけるということです。それが見つからない人もいるかもしれません。見つからないのは、いなかったか、あるいは周りが人材不足だったからではなくて、多分、見つけようとする能力が足りなかったから見つからなかったのであろうと、よく卒業式や入学式で言ったものです。大学教育の場では、そういう人に出会い、それによって自分を対象化して、そして自分の考えていること、自分なりに突き放してみる機会があるのとないのとの違いは、人生にとってものすごく大きいと思っています。

　このことは、人生全体に同じように当てはまるとも思いませんが、おそらく知的にも肉体的にも最もエネルギーのある時間帯を過ごす大学生活を、どのように過ごすか、それについての方法的な準備とか、そういうものが何かなければ、果たして給料がたくさんもらえる職業に就けるものなのかわかりませんが、大切なチャンスを失うことにはなるでしょう。

　――結論的には同感です。しかし、それは要するに東京大学の例であって、偏

差値があるかないか分からないような大学で、そんなことはできません。高校の延長みたいな、教室で詰め込み教育をやって、資格が取れればいいのだというような大学があります。もちろん、先生もたびたびおっしゃったように、そのような知識はすぐ陳腐化しますので、10年、20年程度は役立つかもしれませんが、彼らの30年後、40年後の将来にはあまり……。

　いや、知識と接するということ自体の価値がないわけではないと思います。おっしゃることは東大でも同じで、陳腐化する人もたくさんいます。「こいつ、18歳の時と同じことを60歳になっても言っている。」と囁かれている人はたくさんいます。そういう意味で言うと、違いはあるとは思いますが、どこまで違うのか、種類の違いなのか、程度の違いなのか分かりません。

　あまり厚くもない教科書を勉強し、単位を取るという勉強でも、しないよりはした方がいいと思っているという立場であることは確かで、それは全く意味がないと言うつもりはありません。ただし、願わくば、そこで一つでも二つでも、あの授業を聞いて、あるいはあの教科書を読んで、何か気になったことはないのか、あるいはここは違和感があるなというところはないのかという点です。半歩、一歩、何かしら問い掛けるものを持って欲しいものです。先ほどからの話で言えば、アクティブ・ラーニングでは、それが表に出てくるということだろうと思います。おそらくアクティブ・ラーニングになれば、無理してでも質問や疑問をひねり出さなければならないわけです。そこは先ほど言いましたように、一つの回路としてつなげてみる努力をすることに意味があると思います。だから、必ず授業の後に10分でも15分でもいいですから、そのための時間帯を設けることが必要でしょう。毎授業とまでは言わなくても、時々やらないと駄目だろうと思います。このような形で半歩前進するような、あるいは半歩、思考力を刺激するような時間を作る工夫をぜひお願いしたいと思います。私の専門の政治学でも、いまや各国民主政はポピュリズムの台頭で話題に事欠かなくなりました。

第5節　研究に基盤を持った教育

　——第三のテーマである研究の話に進みたいと思います。

　上述のような授業ができる教員は、おそらく、自分自身がそれなりには研究をやっているからこそ可能なのではないかと思います。「研究している」ということの持つ意味は、長く教員をやればやるほど、おそらくその重要性は自覚化されてきます。ここで聞いた話は今年にして、こっちで聞いた話は来年にするとかいうタイプの話でも、2、3年程度であれば、何とかなるだろうと思います。しかし、先ほど言われたような意味で、とくに領域にもよると思いますが、あらゆるところで人々の意見が一致するわけでもありません。いろいろな意見がある領域はたくさんあるわけで、おそらく授業の中でも、これについてはこういう考えもあるが、違う考えもある、こういう理解もあるが、それとは違う理解もあるというような話は、少なくとも人文社会系であれば当然出てきて不思議ではないわけです。

　——自然科学でも、決まっていないこと、分からないということも多いです。

　研究という世界に足を踏み入れた経験のある教員であれば、いろいろな考え方があるというような話をしなければなりません。少なくともそういう話し方をして関心を持つか、持たれるかどうかはともかくとして、話題にすることは重要でしょう。

　——研究者でありながら、研究者であるとは思えない行動、いわゆる研究不正という問題が目立つようになりました。研究者個人の問題もあります。

　最初の話題にも戻るのですが、社会の要請や国家安全保障の要請によって研究テーマを選ぶとか、拒否するとかいうような話も出てきています。そういう意味では、大学における学問の、「本来」のあり方と、その社会の中での大学の機能との間に、それなりの対立が、21世紀になって、鮮明化しつつあるような気がしますが、いかがでしょうか。

　おそらく歴史的に見て、日本でも20世紀には、いろいろなことがあったと思います。あまりきれい事ばかりは言えないと思います。ただ、大学としては、とくに他のいろいろなインタレストとの関係をどうように考えるかは、

最終的には各教員の判断に委ねざるを得ないところがあると思います。それ自体をアプリオリに全部一律に規制することは、いろいろな限界が出てくると思います。私たちの頃は、そういうことが、たまたま少なかったというのが実感です。

　今までも、問題はあったかもしれませんが、ここ数年のように表には出てきませんでした。ただし、表には出てこない経験も、研究も、本人の思わざる方向へ活用されるというようなことはあったという話はあります。ある意味で、ボールは投げたけれども、そのボールがどこに転がるかについて、どれだけ責任を究極的に負えるかという世界が広がりつつあることは確かでしょう。どのような限界で物事を判断するかは難しいですが、あらゆる世の中の問題はそうだと思います。ある人が言い出したことは、その人の在任中には問題は起こらなかったけれども、辞めてから10年後にいろいろな話が起こってくるとか、あの政治家がこれを積極的に推進していたなどいう話はよくあります。要するに、そういう意味では、いろいろな行動に対して人間が全責任を負いかねる範囲というのがあるのであって、研究もそうであろうと身に染みて感じています。

　だから、そういう責任問題というのは、大学の中では、どのようなガイダンスで処理するのかということについて、どこまで個人の判断に委ねるのでしょうか。とくに、厄介なのは時間の問題で、大学も責任が負えないという問題が出てくると思います。そういう問題と、いわゆる研究不正の話はちょっとレベルが違うかもしれません。

　——**大学が外形的に抑えれば、不正が発生しない仕組みをつくることは、教員個人に判断が最終的に委ねられるにしても、ある程度できます。全てのことについて教員が考えていたら研究にならないという話も出てきています。**

　ある程度まではできると思います。教員が全てのことをやっていたら、研究にならないことも確かです。それから最近は、雇用環境の問題もあるのではないですか。

　雇用問題が、どのようになるかは分かりませんが、無視できないファクターとして、厳然と存在することは間違いないでしょう。その意味で言えば、先ほどの利益の話とも絡みますが、しょせん利益というのは、どの時間

の幅で考えるかという話にもなります。これは大学の中でもあると思います。そういう意味で時間の幅が短くなってくることは、いろいろな誘惑と結びつく可能性が高まるかもしれません。

ですから、大学としてマネジメントはどこまでやれるのか、やるべきなのか、実際やっているのかということについては、やはり外からのチェックを受けざるを得ないと思います。しかし、雇用制度のような話について、大学がどこまで責任を負わなければいけないのかという問題はなかなか難しいですね。

このような状況は、昔と比べて、相当変わっていると思います。ですから、あまり自信をもっては言えないのですが、私が現役の時は、ようやく情報公開が制度化された頃で、研究不正の問題よりも、科研費の経理の不正問題レベルの話でした。論文本体の話が出てくる以前でしたが、科研費のことだけでも随分エネルギーを取られた記憶があります。

——先ほどの雇用環境の問題ですが、東京大学だけを見ても、教員の年齢構成と雇用形態に大きな変化が見られます。年齢構成だけをみるとピラミッド型になってはいますが、若い人はほとんど有期雇用です。

変化していると思います。無期限の雇用にするという法律ができたとしても、財政的に対応するのは大学ですから、大学にとってはお金の問題ですね。大学は、ますます厄介なポジションに追い込まれることになるのではないかと心配しています。その雇用問題がひいては、大学という組織がどこまで持つかという話の引き金の一つになるのではないかと懸念しています。国立大学が法人化した時の研究者の数の倍ぐらいになっているのではないですか。

——国立大学全体で見た時には、倍とまでは行きませんが、5割ぐらいは確実に増えています。ところが雇用形態は、全然違うのです。その結果、人件費自体は大幅に増えています。

内部に脆弱性を抱えている中で、大学として社会からのさまざまな要望に対してどのように応えていくかという問題でしょう。そのうち下手をすると、たとえば、家の中の掃除にエネルギーを取られてしまうという心配はありますが、とくに国立大学法人は外からのいろいろな要望も無視はできない

第一部　高等教育機関の倫理

でしょう。
　私立大学の大きい所はどうされているのでしょうか。何も問題がなく順風満帆なのか、一概には言えませんし、いろいろな議論があると思います。先日、私立大学の公立化の話を聞きました。公立大学の数が増えており、地方に行くとその話ばかりです。
　――私立大学の公立化は増えています。入学試験の競争倍率が一気に上がるようです。お金の心配は、全額とは言わないまでも、かなり少なくなるはずです。ある意味ではステータスが上がると思われるようなところが見受けられます。
　想像するにそういうことなのでしょうね。悪い話ではないですね。いいとこ取りではないですか。しかし、実際の教員や施設は変わりませんから、教育の質は全然変わらないかもしれません。
　――少し話が脱線しましたが、研究不正の話に戻したいと思います。
　研究不正は、大学の神経部分に触れますから、非常に深刻な問題だと思います。研究は、基盤中の基盤に関わるものですから、重要視しなければいけない問題だと思います。しかし、報道では、写真や画像のすり替えなどのライフサイエンス分野に多いですね。
　社会科学系だと剽窃になりますね。最近は、剽窃をしているかどうかを判定するソフトもあるのでしょう。学生のレポートまでもチェックできるようですね。

《注》
（１）　天皇機関説は、大日本帝国憲法下で確立された憲法学説で、統治権は国家にあり、天皇はその最高機関として、内閣をはじめとする他の機関からの輔弼（天皇の行為としてなされるべき、あるいは、なされざるべきことについて進言すること。とくに大日本帝国憲法下において、大権の施行に過誤がないよう天皇に意見を進言することを意味した概念）を得ながら統治権を行使すると説いたものである。憲法学者・美濃部達吉らが主張した学説で、「美濃部機関説」とよぶこともある。これに対して、天皇主権説などが対立した。
（２）　大学評価・学位授与機構編著『大学評価文化の定着―日本の大学は世界で通用するか？』大学評価・学位授与機構大学評価シリーズ、ぎょうせい、2014年、pp.14-16においては、「深い学習」という表現をした。
（３）　ベネッセ教育総合研究所調査によると、「自分で発表する演習より教員の話を聴く

授業がよい」と答えた学生は、5000人のうち8割を超えています。「大学生の学習・生活」ベネッセ教育総合研究所高等教育研究室：調査・研究データの紹介　ベネッセ教育総合研究所ウェブサイト　https://berd.benesse.jp/berd/center/open/report/dai_databook/2012/pdf/data_05.pdf

第一部　高等教育機関の倫理

第4章
教育財のグローバル化

　日本の留学生受け入れ政策は、1983年（昭和58年）から「留学生10万人計画」に基づき実施されてきました[1]。この計画が策定された時代背景としては、1970年代から80年代にかけての経済成長を受け、わが国の国際的な地位や役割が自覚されるようになったこと、外国人留学生の送り出し側にも日本留学への需要があったこと、当時の経済摩擦の激化という経済的状況の中で、経済界を中心に、人的交流の必要性に対する認識が高まっていたことなどが挙げられます。

　「10万人受け入れ」という目標は、2003年（平成15年）に達成されました。この頃から、高等教育の段階から人材を確保していかないと、国際的な頭脳獲得競争に勝てないという認識が浸透してきました。そして、従来の国際貢献等のための留学生受け入れだけではなく、高度人材の獲得等の国益を視野に入れた国家戦略としての留学生受け入れという考え方から、2008年（平成20年）に「留学生30万人計画」が策定されました[2]。すなわち、この計画は、日本が世界に対してより開かれた国へと発展する「グローバル戦略」の一環として策定されました。

　上記のように学生が移動する「海外留学」から、大学などの教育機関が「海外分校」を開設する教育の「海外投資」の事例も増えています。さらに、インターネットを介して世界中に学習環境を提供するMassive Open Online Courses（MOOCs）[3]も稼働しています。このように、高等教育財のグローバル化・世界標準化が急速に進んでおり、本章では、鈴木典比古先生（公立大学法人国際教養大学理事長・学長、前国際基督教大学学長）にご意見を伺いました。鈴木先生には、大学改革支援・学位授与機構の大学機関別認証評価委員会委員、大学ポートレート運営会議議長等をお引き受けいただき、グローバルな視点から大学運営や大学質保証について大変有益なご示唆をいただきました。

第4章　教育財のグローバル化

第1節　教育の神髄は？

　——①今日の国際社会では、政治、経済、社会、文化などのあらゆる面で多様化が進み、大学も非常に多様になっています。大学に対する要求が厳しくなっていると同時に、逆に言えば、大学に対する期待が高まっています。一方で、②教育研究を行う資源の配分方法や教職員の任用制度など、昔と随分変わってきており、いろいろな意味で、大学は非常に厳しい状況にあります。③大学には将来の社会を背負う人材の育成が求められているわけですから、自らの信念、理念、倫理を持つ必要があります。これからの大学における教育研究のあり方について、ざっくばらんなご意見をいただきたいと思います。

　ご質問いただいた三つのテーマ（pp. 10-11）は、それぞれが今日的あるいは将来的にも非常に重要になってくると考えています。ここでは、一つ一つを別々に考えることもさることながら、全体を統合するとどのようになるかを考えて、図1-2をまとめてみました。

図1-2　高等教育機関における教育研究を考えるための課題と方向性

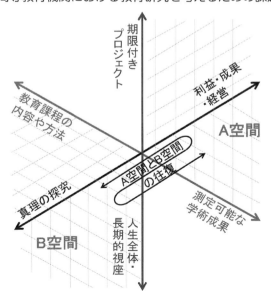

第一の軸には、「期限付きのプロジェクト」と「人生全体あるいは長期的な視座に立った教育」を対比的に捉えてあります。第二の軸が、学習パラダイム「教育の測定可能な学術成果（学習成果）」と教育パラダイム「教育課程の内容や方法」を対比しております。第三の軸は、「利益、成果あるいは経営」という側面と、「真理の探究」という側面を対比してあります。これらは、教育研究に対して二律背反でもありませんが、背反的なアプローチという考え方もあるのではないかと思い図を作成してみました。

　現在は、全体としてA空間の方向に進みつつあると思います。これが、ずっと行き着いた果ては、一体何であろうか、あるいは、それが本当にいいのかどうかということを考えなければなりません。

　期限付き、営利主義、そして測定可能というA空間を構成する三方向が極端に進むと、教育の「コマーシャル化」あるいは「消費財化」ということになります。しかし、ある意味、いつまでもこの方向でいることが、なかなか難しくなってきていると思います。技術の進展・発展あるいは応用・適用によって、反対の方向にも向かうことが求められるようになってきたのではないでしょうか。技術と人間の教育とのせめぎ合いが始まっています。今までであれば、人間の教育ということを基本にしていましたが、技術の利用可能性が増えることによって、人間的なものが少しずつそぎ落とされて、いわば、功利主義的あるいは機能本位（ファンクショナル）が強調されてきています。

　すなわち、功利主義的、機能本位あるいは便利主義という方向（図1-2、A空間）に向かって行っている、あるいは、そちらの方向が勝ってきているのではないかと思います。「資格を取る」あるいは「技術を習得する」ということだけであれば、おそらく、このような方向でもいいのでしょう。しかし、「人間全体あるいは真理の探究こそが教育の神髄である」ということになると、揺り戻し（図1-2、A空間からB空間へ）が必要でしょう。B空間は「真理の探究」、「教育課程の内容や方法」、「人生全体・長期的視座」の三つの軸が構成する方向です。現在のような技術の発展段階では、技術が進歩していけばいくほど、断続的な揺り戻しが求められると思います。意識的に揺り戻しを行わないと、教育の人間的な側面が、ロボットに近

い人間を作るのだということになりかねません。したがって、そうではない方向に戻って来なければならないでしょう。

とはいえ、教育が、功利主義や「社会で使えない」という批判に対応するために、矢印Aの方向に向かうことになります。したがって、意識的に戻すという、この繰り返しで進むのではないかと思います。今まででも、功利主義的な考え方はなかったとは言いませんが、出現、顕現する度合いが少なかったために、教育する側で、教育とはこういうもの（B空間）であると言ってきました。しかし、社会に対する貢献あるいはアカウンタビリティの観点から、功利主義的な考え方や機能本位（A空間）が強調されるようになってきています。

ですから、図1－2のA空間、B空間のように、行ってまた戻って来て、また行って戻って来ての繰り返しが趨勢であると思います。「戻らなければいけない」ということが意識的に、かつダイナミックに行われるのであれば、決して悪いことではありません。いつまでも「真理の探究」の立場のみにこだわるというのでは、21世紀の大きな変化に対応できない可能性が大きいと思います。

　──それでは、象牙の塔[4]になってしまいますね。

象牙の塔とならないために、柔軟に、ダイナミックに考えていく必要があります。ご質問をいただいた三つのテーマ（pp. 10-11）について、一つ一つ答えているわけではありませんが、全体としては、このような揺り戻しをダイナミックに繰り返していくことが必要です。その時に、ある部分は、ある方向に行き、別の部分は逆の方向に進むということは十分考えられます。いずれにしても、一方向にだけ行くのではなく、意識的に逆の方向に戻すことも肝要でしょう。それが政策的に何を意味しているのかということは別に考えなければならないかもしれませんが、全体の方向としてはそのように考えています。

第2節　高等教育のグローバル化

　──あらかじめお願いしました三つのテーマについて、まとめてご意見をいた

第一部　高等教育機関の倫理

だきましたので、高等教育のグローバル化（国際化）に関するご意見をいただきたいと思います。

高等教育が、グローバル化（国際化）に向かってどのように動いているかを考えますと、当初は学生や教員の海外への留学が中心でした。その後、大学などの教育機関による海外分校・キャンパスの設立、さらにMOOCs[3]へと動いています。海外分校・キャンパスやMOOCsなどでは、図１-２のA空間の方向が明確に出てきていると思います。

今、人材の教育を比喩的に教育財の生産として考え、私の専門分野である経済あるいは経営の立場から、物的財と教育財の国際移動について比喩的に比較してみました（図１-３）。物的財では、国内生産の段階から輸出・輸入、海外進出、そしてグローバルビジネスネットワーク化と動いてきました。教育財の動きは、20~30年程度のタイムラグはありますが、物的財のそれとよく似ています。

1970年以前までは、国内大学への進学が中心でしたが、1970年頃からは学生の海外留学（国際間移動）が始まりました。すなわち、学生や教員が、海外に留学して知識、スキル、コンピテンシーを習得して、帰国して日本社会に貢献するわけですから「教育財の輸入」になります。その後、本章の最初

図1-3　物的財と教育財の国際移動　―理論枠組み―

物的財	20~30年のタイムラグ	教育財
国内生産（1950）		国内大学進学（1970年代まで）
国際貿易（輸入・輸出）（1950~1970）		海外留学（輸入）、留学生受け入れ（輸出）（1970~2010）
海外進出（直接投資）（1970~2000）		海外分校・キャンパス（直接投資）（2010~）
グローバルビジネス（グローバル・ネットワーク）（2000~）		MOOCs（Online 世界発信）（グローバル教育財、世界標準化、同時化）（2020~）

に言及しました「留学生10万人計画」のような留学生の受け入れです。これは、外国人留学生が日本の教育機関で教育を受けて、彼らが自分の国の社会に貢献するわけですから「教育財の輸出」に当たります。

このような「留学」は、学生や教員個人が国際間移動するわけですが、2010年頃から、教育機関自身が海外分校・キャンパスを設置する動きが見られるようになりました。高等教育機関にあえて「教育財生産者」という言葉を使うと、これは、まさに「教育財生産者の直接投資」と言えます。すなわち、教育財が、海外分校・キャンパスで、直接生産されるわけです。

そして今や、MOOCsの時代に突入しています。これは、インターネットを介して、世界中で誰でも、どこにいても講義を受けることができますから、学生が国際間を移動する必要がないわけです。要するに、教育という無形物が全世界を駆け巡るような状況にまで達しようとしています。

——要するに国境がなくなり、人間が国境を越える必要がなくなるということですね。

そのとおりです。国境がなくなり、教育を受けるために人間が国境を越える必要がなくなってきています。そうすると、次第に教育という無形物が世界を駆け巡り、教育内容の世界標準化が進みます。さらに、質保証という視点からも、質保証機関の相互認証や、地域別の認証団体の参加など、国際的な協働が行われるようになります。このように、教育財の国際移動、大学の国際移動、それから質保証の国際協働などにより、教育財のグローバル生産の標準化と同時化が進んで行く方向が考えられます。

——世界に1分野1人、先生がいればいいということになりかねませんね。

極端に言うと、そうですね。教育財もそうでしょう。さらに、世界で統一化された認証評価機関による世界の大学の認証評価となってしまいます。そうなると、高等教育は、世界的に標準化されますが、非常に静態的な状況になるのではないかと思います。

教育財の国際化は、教育財の国際間移動、教育財生産者の国際間移動そして教育財質保証機関の国際協働の三つの視点から捉えることができます（図1-4左図、p.68）。

三次元空間で国際化の極端に進んだX空間では次のような状況でしょう

第一部　高等教育機関の倫理

図1-4　教育財国際化の三次元空間

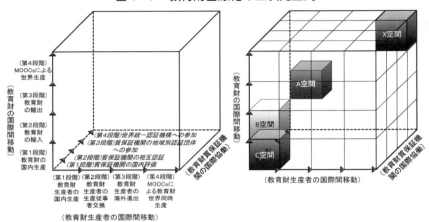

（図1-4右図参照）。
① 教育はMOOCsによって行われ、教育財は国際間移動しない。
② 教育財生産者は、MOOCsによって世界発信し、国際間移動しない。
③ 世界で統一化された評価基準による大学の認証評価となる。

A空間が教育の国際化の現段階を示しているでしょう。

A空間では、
① 教育財の国際間移動は第2段階から第3段階に進みつつある。
② 教育財生産者の国際間移動は第2段階にある。
③ 教育財質保証機関の国際協働は第2段階から第3段階に進みつつある。

日本の教育財の位置は、B空間にあると思われます。すなわち、
① 教育財の国際間移動は第2段階にある。
② 教育財生産者の国際間移動は第1段階にある。
③ 教育財質保証機関の国際協働は第1段階にある。

2040年頃の大学教育を考えてみましょう。高等教育機関としての大学が各国に存在しているでしょうから、X空間の段階は考えられません。さりとて、C空間もあり得ません。要するに、MOOCs（on line）と現場教育（face to face）との混在と統合（ドッキング）をめざす必要があります。このドッ

キングを実現するための努力課題としては、次のようなことが挙げられます。
① 教育内容レベルの世界標準化にどのように対処するか。
② 使用言語の統一化をどのようにするか。
③ キャンパス・コミュニティをどのように創造するか。
④ 国ごとの人材創出としての教育という考え方をどのように考えるか。

第3節　グローバルとローカルそしてリベラル・アーツ

——今まで伺ったお話は理解できるのですが、「グローバル」という話が頻繁に聞かれるとともに、「ローカル」という話もあります。これら両者をどのように考えたらいいのでしょうか。上述の「国の教育をどのように考えるか」という課題と関係しますが。

「全てがグローバルになってしまって、ローカルなものはなくなっていいのか？」というと、決してそうではありません。困るはずです。したがって、グローバルになればなるほど、それに反比例して、国固有のローカル（ナショナル）というものを強化していかなければいけない面があります。各国の教育は、自国がローカル（ナショナル）に対して責任を持たなければいけません。

ナショナルは、非常に微妙で、いつの間にか偏狭なナショナリズムとなっていく場合があります。ナショナリズムには、偏狭なナショナリズムとファンクショナル（機能的）なナショナリズムがあり、それぞれを識別しておく必要があります。

どういう意味の責任かというと、世界がグローバル化していくのに対して、各国がナショナルというものを維持していくことは、全世界に対する個々の国の責任です。だから、グローバルというのは、先ほどの技術でどうしても進むかもしれません。しかし、教育の面で、ローカルを維持していかなければいけません。その「維持」というのは、世界に対して各国が負っている責任だと思います。そこで、技術と教育にナショナルを加えると新しい視点が出てくるのではないかと思います。このことは、今まであまり考えな

第一部　高等教育機関の倫理

かったのですが、質問を伺って考え出しました。
　――わが国には、職業教育を目的とした高等教育機関として、専門学校があります。これが国を支えています。確かに、地域の専門学校というのは、グローバルとは無縁かもしれませんが、そこでの教育は重要です。
　そうですね。先日、秋田県の高等専門学校の校長先生と会ったとき、「いろいろ技術的な側面からすると、技術は国も国境もないですよ。」と言われて、わが意を得たりと思いました。いわゆる知識、スキルというのは、その国とは関係ない部分が多いのです。それは基本的に、知識とは、人類の共有財産的なものになっているので、みんなが享受できなければならないわけです。
　――高等教育のユニバーサル化は、そういう方向で進んできたのでしょう。そういう教育が技術を使えるようなものにして、技術を使える人を育てる形で、その人にとっても幸福だし、それによって生み出される生産力が、国力を高めるというようなストーリーです。ただ、逆に、それが行き過ぎてしまう部分もあります。先ほど先生が「行った来たりするダイナミズムが必要である。」と言われたことは、全くそのとおりです。その上で、伺いたいポイントは、ダイナミズムを生み出すものは何なのか。今の日本の仕組みの中で組み込まれているものなのか。もし、そのようなものをこれから考えなければならないとしたら、どういう形で持っていくのがいいのかまで、踏み込んでいただけるとありがたいです。
　最初に、私が今いる国際教養大学（以下「AIU」と略します。）の話をします。AIUは、何でも「とがっている」と思います。たとえば、AIUは全ての授業を英語で行っています。英語で授業しない先生がいると「英語でやるように。」と私が言います。
　また、1年間全員海外留学に出すわけです。留学する前に「留学先で30単位までクラスを受講して単位を取って帰って来なさい。」というにもかかわらず、20単位ぐらいしか取って来られない学生もいます。そうすると、卒業するのに必要な4年間で124単位が取れませんから、4年半あるいは5年在学することになります。ですから、4年で卒業できる学生が50％程度になります。TOEFLの点数にも厳しい条件がついています。留学に際しては、GPA 2.5、TOEFL 550が最低要件になっています。1年生に入学した時の

全学生の平均が、TOEFL 530です。4年生でTOEFL 600以上は、40数％ぐらいいます。

このように、「とがった」大学が出てきて、こういうやり方もありますよと、こういうモデルもありますよというのがいいのではないでしょうか。このような大学が、10～20校ぐらい出てくれば、それが常態である、あるいはそれが標準であるという動きとなるでしょう。そして、それが政策的に、あるいは制度的に大学の新しいシステムを提示できるのではないかと思います。いわゆる、ディファクトスタンダードのようなものが提示できるわけです。

――イメージは分かるのですが、現実を見てみると、そういう所は国際基督教大学（以下「ICU」と略します。）やAIUなどで出てきているわけです。「ICUやAIUだからできるのだ」と言ってしまって、ダイナミズムにつながっているかという疑問を持ってしまうかもしれません。たとえば、このような大学が必要で、戻す力はどのようなものか具体的にお話しいただけませんか。

AIUは、人文・社会科学が中心ですから、自然科学を強化しようという方向でも進んでいます。本学は、内容的にもグローバルスタディーズとグローバルビジネスという二つの課程があって、グローバルと名前がついているにしても、基本的には人文科学と社会科学です。そこに自然科学を入れないと、いわゆるリベラル・アーツ的な構造にはなりません。しかし、人件費の問題もありますから、自然科学の先生を雇えないわけです。そこで、秋田県立大学や秋田大学に「自然科学を英語で授業をやってくれる人はいませんか。」とお願いしました。その代わりに「こちらからは人文科学や社会科学の授業を英語でやる人を送りますから。」と話をして、ようやく今少しずつその効果が出てきています。そういう意味からすると、私が言うのもおこがましい話ですけど、学長あたりが、このようにやるのだという方針を明確に発信することが肝要でしょう。

ICUで学科制から専攻制（メジャー制）に変更した時も4年間かかりました。教学改革を議論して4年目に教授会で承認されて、学科制からメジャー制に移行することにして、文部科学省へは届け出で済ませました。それ以来、日本の大学に、リベラル・アーツという考え方が、かなり増えてきまし

た。ですから、学長あたりが「どうしてもやる。」と、バカの一つ覚えではありませんが、「改革である。」と言う必要があると思います。

　——先生は、図1-2の矢印で示したようなダイナミズムを強調されました。確かにダイナミズムが重要ですが、昔と同じものに戻るという事態は、あり得ませんよね。

　もちろん、そうです。こちらの方向は、アメリカのやり方に影響されている、あるいは似ていると思います。たとえば、教員の期限付き雇用については、テニュア（雇用保証）制度があります。アメリカでは、新任として採用された教員は、最初の6年間はテニュア審査はありませんが、4～5年目あたりになると、「これではテニュアを取れないよ。」「もう他の大学を見つけたほうがいいよ。」などと言われ、いわゆる肩たたきが始まるわけです。

　私はビジネススクールで教えていましたが、学科によって入学競争率が違うのです。たとえば、マーケティングあるいはファイナンスなど、企業に就職してすぐに高給優遇で受け入れられるような学科は、すごく競争率が高いのです。教員の俸給も学科によって異なります。人事管理や生産管理などの学科では、教員の給料もマーケティング、金融論や会計学の教員より低くなっています。そういう意味からすると、日本でも、大学経営や教育において、利益とか成果とか経営とか言ってはいますが、現状ではアメリカとは全く違います。

　研究面では、論文は学会を代表するレフェリージャーナルに掲載され、ファーストオーサーあるいはセカンドオーサーの位置づけなども決まっています。そのような雑誌に年に1～2本ぐらいずつ学術論文を出していかないと、「給料も大したものじゃないぞ。」とか、あるいは「テニュア取れないぞ。」とか言われます。

　それがいいかというと、いい面と、悪い面があります。ただ、学習成果や研究成果に関して、どうしても社会がそういうことを要求しています。

　——アメリカの場合には、トップクラスのリサーチ大学は研究を重視する一方で、非常に優れたリベラル・アーツをやっているわけです。日本の場合には、なかなかそのようにはなっていません。

　その通りです。日本の大学の場合、リベラル・アーツを標榜している大学

のいくつかは、すごく進んでいます。その他は、リベラル・アーツとは名ばかりの方向に向いている印象を受けます。全体としてやはり、知識というか、基礎的な学問というものを持っている価値は低く評価されているという印象があります。それではまずいという感じがしますが、「まずい」と言っただけでは誰も振り向いてもくれないという感じがします。

　でも一つ、間違っているとまでは言いませんが、直したほうがいいと思うのは授業料です。安過ぎます。国立大学で53万円ぐらいでしょう。

　――国立大学の授業料を現在の3倍ぐらいにすれば、運営費交付金は要らなくなります。

　そうです。これはあくまでも私見ですが、それをすれば大学が値上げした分を、奨学金への拠出を大幅に増加してカバーすればいいのではないですか。これがアメリカスタイルです。

　AIUは、公立大学の値段でやっています。それで、AIUの学生は本学に授業料を納めてアメリカの4万5000ドル、5万ドルぐらいの授業料の大学に留学していくわけです。交換留学でも、本学の学生は、本学に授業料を払って、外国から来る留学生は、本国の大学へ授業料を払って本学に来るわけです。すごくアンバランスです。その分、AIUでは世界に出しても十分認められるレベルの教育を提供しています。

　――そのくらいの授業料を払うと、逆に学生も、それくらいのコストがかかるものであると理解しますから、かえって、意識も高くなると思います。

　そうです。アメリカの学生は、教員が下手な授業をしていると「先生、冗談じゃありませんよ。私たちは授業料を払っているのですから、ちゃんと授業をしてください。」と言います。1時間当たり200ドル程度払う計算になりますから、学期末の学生による教員評価の時に「これだけ払ってるのに、この授業はなんですか。」というクレームが出てきます。

　ただ、日本の場合は、授業料を出すのは、本人ではなく親です。アメリカと違うところは、そこかもしれません。アメリカでは、大部分の学生は、自分自身で働いたお金かローンで授業料を払います。日本の学生は、まだそれほどはいないでしょう。日本では、学生にローンを負わせるのは不幸を生むという論調になっています。コストの感覚は、アメリカとややずれている印

第一部　高等教育機関の倫理

象です。

第4節　学習成果

　——学習成果に話題を進めたいと思います。今、学習成果という言葉が世の中に広がっています。大学人の考えは、ごく最近までは、教育方法・内容が中心であって、学習成果はあまり考えていませんでした。認証評価をやっていますと、基本的に学習成果ではなくて、カリキュラムや教員を見ることで、教育がきちんと行われていますということを保証してきた時代が長いですし、そういう仕組みしか持っていないのです。

　国際的に見ても、学習成果が非常に強く強調されています。とくに社会は、計測可能な学習成果を求めますから、いろいろな問題が起こってきているのでしょう。育った学生のパフォーマンスで評価すべきであるとなってきています。

　——そこで、1単位45時間（単位の実質化）をいつまで言っているのかと問われた時に、どのようにお答えになりますか。

　1単位という内容は、1学期15週間で15時間授業をして、学生には授業以外に週に2時間、つまり15週間で30時間勉強させる内容のことです。したがって、1学期に45時間が1単位（授業15時間＋授業外学習30時間）なのですから、2単位というと90時間勉強する必要があるはずです。学生が、1学期に20単位取ると言っているとしたら、1単位45時間からすると、学生の眠る時間がないはずです。要するに、そんなのは無理だと言っているのです。ICUでは1学期に18単位を上限としています。AIUでも15単位から18単位ぐらいで、それで学生が一生懸命勉強するような教育の内容にしなければなりません。AIUで学生たちが、1日当たりどのくらい勉強しているのかを調査すると、正課外（教室外）で4時間ぐらいは勉強しています。図書館などで勉強しているのですね。そういう意味では、内容はしっかりしたものをやっていると考えています。

　——ICUとかAIUは例外的で、ほとんどの大学は、1学期に20単位以上（28単位など）に設定しています。どう考えても無茶だろうと言いたくなります。

第4章　教育財のグローバル化

　そうですね。結局、1学期28単位なんていうと、2年半ぐらいで卒業に必要な124単位を取ってしまうことになります。卒業に必要な取得単位である124単位を取るには、4年間も在学する必要がないわけです。実際に今の大学で学生がキャンパスにいるのは3年間で、4年目は就職活動でキャンパスにいない例も多いようです。

　──ある意味では、建前と本音が非常に乖離した状況にあると思います。逆に、こういう議論をしても、全部裏表がある話だと受け取られて、誰も真面目に聞いてくれない可能性はあります。そこをまず打破するのが必要かもしれません。

　そうですね。1学期に履修できる最大単位を定めてキャップを付けているのですから、1学期20単位がせいぜいでしょうと言えないのですかね。いろいろな、尺度や方法があって、たとえば、シラバスは授業の工程表なわけですがそれを精査すると、シラバスがＡ４版１枚ぐらいで、15週間やろうとしている人もいるわけです。これでは、「科目の内容が分かりません。」と言われても仕方ありません。シラバスが導入されたのは90年代後半だと思いますが、いまだにＡ４版１枚をもって、シラバスというのがあります。

　──どうやって学生に勉強させるかということですね。そういう意味で、アクティブ・ラーニングをうまく利用するのがいいのではないでしょうか。たとえば、アメリカ全てとは言いませんが、勉強して授業に出ないと自分が困るという状況があるわけです。とくに、トップレベルの大学ともなると。

　そうです。グループで学習するとか、学生の発表を中心に学習していくというような方法が積極的に取り上げられていくと、成績評価をする時に、実は意外と難しくなります。教員の立場としては、常に成績評価の厳密性を要求されているわけです。ところが、みんな一生懸命勉強している状況の中で、一人一人に成績を付けるというのは非常に難しくなるので、そこをどのように付けるかという問題です。

　私の経験をお話ししますと、アメリカでグループワークさせた時には、教員である私だけの評価ではなく、学生に相互の貢献度を評価させるのです。そうすると、はっきり言って、あの人は全然貢献しなかったということが学生からは出てきました。だから、そういう結果を、最後の成績のうちの20％ぐらいに加算するわけです。

75

——その場合は、その残りの80%は伝統的な評価をしなければいけないわけですね。学生から見ると裏切られた思いもあるかもしれませんし、総合評価というものをどう行えばいいのでしょうか。

　結局、これもアメリカでは、最後に成績を教務課に提出する前に、学生が自分の成績（グレード）というものは、自分はこのようによくやったと主張する機会があります。グレードについては、具体的な数値は知らせてもらえないかもしれませんが、とにかく、学期中は自分はこうやったのだというアピールの期間（数日間）があります。それには、自分はこうやった、それに対して、誰々さんは全然やらなかったとか、他人の評価も含まれます。このような評価の方法は、学生参加の授業があって初めて可能になります。

　——いろいろな改革的な手法を取り入れると、どうしても伝統的な立場から見るとまずいことをやってるということになります。しかし、最初に先生がおっしゃった、「とがった」ところが大事であるということになると、そこを褒めて行く必要が出てきますね。

　そうです。評価単体的には、基準を決めて「やっていますか」という話になりますので、なかなか苦しいですね。このあたりが、今後の課題でしょう。

　——昔は、大学にはインディペンデンシーがあって、それによって生産されたものが国なり社会にフィードバックされ、社会に役立ってきたわけです。最近、大学ランキングが登場して、これが企業や社会をはじめ、国の大学の教育研究に対する評価に大きな影響を及ぼしています。そして、大学は、追い立てられるような感じになってしまっています。そういう状況で、今後どうあるべきなのか。それを戻すと言っても、元の形なんていうことは多分あり得ないですね。

　AIUにも、アメリカの認証評価機関が、アメリカの認証評価を受けませんかと、アプローチしてきます。「うちの認証機関は世界的な認証機関ですから、日本の認証機関のようなローカルなものより、おたくのステータスが上がりますよ。」ということです。ただ、近い将来、日本の認証機関で「適合」と認証された上で、海外の機関にも評価を依頼することも起こりそうです。また、ランキングはすごく立派なランキングを送ってきます。AIUは、『タイムズ・ハイアー・エデュケーション（THE）日本大学版ランキン

グ』で、今年総合12位になりましたので、「あなたの大学は去年は20位でしたが、今年は12位[5]となりました。来年はもっと頑張ってください。」と送ってきています。完全にグローバルビジネス化されています。

　これに一喜一憂するのは困ると思いますが、それでもAIUでは「これは学長室の入り口の所に貼っておきましょう。」ということで貼ってあります。従来の国立旧一期校とか二期校といった歴史的に形成され、世間も認めたステータスがあったものが、ランキング等で数値的に何位ですというのが急に出てきました。これもそういうランク付けのビジネスに踊らされている面もあると思います。

　——大学をネタにして商売してるだけなのですが。

　そのネタに関心を持っている受験生、その保護者なども含めて、そういう社会的なセクターがあるのです。アメリカでは、州などが州立大学の卒業生の収入について出身学部ごとのデータを出しています。やはり、昔からなかったとは言いませんが、今や職業に役立つ能力を要求するという傾向が非常に強くなりました。

　——そういうことに対して、AIUが実施されている内容は、高く評価されているのではないでしょうか。

　AIUは、リベラル・アーツを標榜しているわけですので、特定の職業にフィットする教育はしないのが原則です。ですが、それだけではありません。

　AIUでも、今年5月に社会人向けに1週間のプログラムを始めました。秋田の公立大学として、秋田の社会人や社会に役に立つという貢献を考えて始めました。2週間大学に来て泊まってもらって講義を受けるという内容です。最初は3人ぐらいしかいなかったのですが、最終的に応募者は8人となり、全員ビジネスマンでした。

　年に2回実施するという案もありますが、それは教員が通常の教育プログラム以外の教育をすることになりますので、多過ぎるのではないかと言っています。でも会社では、10月ぐらいにやるのであれば、人を送りたいという話も出てきています。リベラル・アーツという全人力、あるいは人間力という学部の方針とは別に、社会人のための職業的な訓練を強調しています。学

部学生に対してはリベラル・アーツを強調する一方、社会人に対しては職業教育として、会計学や財政学を中心としています。これがAIUの戦略です。まさに人生100年時代のためのリカレント教育です。

　——最後になりますが、最近の日本大学アメフト事件のニュースを見て、私立大学の経営の倫理について考えてみました。現場にはスポーツマンシップという倫理があって、経営の倫理とは違うものなんだろうなと思いました。研究についても、研究の倫理は、経営の倫理とは違うのかもしれないと思いました。ちょっと筋違いの質問かもしれませんが、先生は、どのようにお考えですか。

　日本大学のことはあまり言ってもいけないかなと思いますが、もう少しやり方があるのではないでしょうか。一つは、日本の場合、カレッジスポーツの位置づけが不安定なままできています。アメリカのNCAA[6]のような全スポーツ的・全国的組織が日本にはありません。学生スポーツの位置づけが競技ごとにも異なっています。NCAAでは、加盟大学の選手が一定の学業成績を維持しなければ試合に出場できないのです。このように厳しいルールをコーチや選手が守って、初めて学生スポーツが維持されています。日本ではこのような厳しい面がなく、学生スポーツとして捉えきれない部分、まとめきれない部分があり、根本的に考えると難しい話です。

　私がアメリカで教えていた頃は、アメフトの選手なども私の授業を取りに来るわけです。アメリカの場合には、プロに行きたいという希望が最初にあっても、9割ぐらいの学生はプロに行けないわけです。そのような学生たちは4年間で卒業できなくて、脱落していくことが非常に多いです。スポーツクラブのマネージャーや監督が、その選手が受講しているクラス担任と連絡を取って、中間テストは何点だったかとか、あるいは、このままいったら成績はどうなるかということを聞きに来るのです。NCAAには決まりがあって、成績が一定以下になると出場させないのです。

　それが、カレッジスポーツのカレッジスポーツたるゆえんであって、そこをはずしてしまったら意味がないわけです。だから、学生は真剣に勉強します。生活面でも、学生が三食きちんと食べていないと、寮に送り込んで、三食きちんと食べるように指導します。このように、教学と生活の両面からの指導を非常に大切にし、かつ厳しいのです。

これが可能になるのは、テレビ放映などの興行権という財政基盤があるからです。日本でこのような制度を導入しようとしても既得権が全部ありますから、とても手が付けられないでしょう。たとえば、バスケットやアメフトの監督には、自分でテレビ番組を持っている人もいます。その収入は莫大なものがあって、アメリカでは、NCAAが管理・配分しています。

　日本では、それが全部分断されて、既に既得権構造ができあがってしまっています。それらが、競技ごと、大学ごとに分断されており、一つの大学の中でも教員ごとに監督、コーチの身分が違うという事情もあります。現状では乗り越えなければならない課題が山積していると言わざるを得ません。

《注》
（１）　留学生受け入れ一〇万人計画　http://www.mext.go.jp/b_menu/hakusho/html/others/detail/1318576.htm
（２）　「留学生30万人計画」骨子　https://www.kantei.go.jp/jp/tyoukanpress/rireki/2008/07/29kossi.pdf
（３）　Massive Open Online Courses（MOOCs）またはMassive Open Online Course（MOOC）は、ネットを介して誰でも受講できる開かれた講義のことである。代表的なプラットフォームとしては「Coursera」「edX」などがあり、条件を満たせば修了証も発行される。
（４）　フランス語tour d'ivoireが語源で、芸術至上主義の人々が俗世間を離れて楽しむ静寂・孤高の境地。また、現実から逃避するような学者の生活や、大学の研究室などの閉鎖社会。
（５）　THEの2019年度版ではAIUは総合10位。
（６）　全米大学運動協会（National Collegiate Athletic Association, NCAA）は主に大学のスポーツクラブ間の連絡調整、管理など、さまざまな運営支援などを行う。

第二部

学術的誠実性

第二部　学術的誠実性

　高等教育機関は、高等教育の場であるとともに、学術研究の場です。このため、普遍的な価値としての真理の探求をその目的に掲げつつも、機関におけるさまざまな実践、それを制約したり賞賛するための規則、行動規範は、その機関が置かれた社会的文脈によって決定されざるを得ません。前者は、学術の基礎（倫理、ethics）であり、第一部で議論しました。後者の文脈は、その実現を常に脅かすことになります。前者の価値を優先して考えることが学術的に誠実な立場であるとすれば、このような脈絡から、この第二部では学術的誠実性（academic integrity）の問題を議論します。

　第1章と第2章では、いくつかの具体的な話題を取り上げて、問題となる点を紹介し、その話題を位置づける枠組みについて説明します。第1章では、学業不正について考えてみます。大学生の学習活動で求められる誠実性は、成績評価の際に欺瞞的な行為をしないことです。そのような欺瞞行為は一般に「不正行為」として多くの場合処分の対象となっています。さらに、学生個人の誠実性の問題を越えて、大学という組織、機関が学術的に誠実であるか否かが問われる場面があり、「大学スポーツ」について、第2章で検討します。第3章では、学術研究という側面から、大学の使命と誠実性に関して考察します。最後の第4章では、現段階における学術的誠実性について概念的な整理をします。

　なお、学術的誠実性については、前書（独立行政法人大学改革支援・学位授与機構編著『グローバル人材教育とその質保証―高等教育機関の課題』大学改革支援・学位授与機構高等教育質保証シリーズ、ぎょうせい、2017年、pp. 149-169）でも議論しましたので、参照ください。

第1章

学業不正

　学業不正（academic dishonesty）は、高等教育のみならず、初等・中等教育から専修学校に至るまで、学生が試験、調査研究の報告書、小論文等で行う不正行為をするものの総称です。学業不正は、教育の場や段階あるいは時代によって、実態は異なります。具体的行為としては、カンニング、賄賂、嘘、捏造・改ざん、盗用、なりすまし、外注型不正（論文代行）、破壊活動などの学生による行為のほか、教員側の不正も含まれます（表2-1）。

表2-1　学業不正の種類・内容

カンニング：試験の際、監督者の目を盗んでする不正行為（受験生本人が隠し持ったメモ、他の受験生の答案を見るなどして答案を作成する等）。
賄賂：金銭や贈り物など価値のある物・行為を受け取る代わりに、受験生に試験問題を教えるなどの不正行為。
嘘：学生が宿題やレポート提出などで嘘をつく不正行為。嘘の理由で提出期限を延長してもらう。また、既に提出したと嘘の主張をする。
捏造・改ざん：宿題、レポート、申請書などで、データ、図表、研究結果などを創作する不正（捏造）、または自分に都合が良いように基準を超えた改変をする不正（改ざん）。
盗用：宿題、レポート、申請書などで、他人の文章、データ、図表、研究結果などを利用する場合、出典を引用しないで、あたかも自分が書いたかのように発表・申請し、良い成績、単位、奨学金などの利益を得る行為。
なりすまし：学生本人とは別の人が本人になりすまして、学業を達成する不正行為。
外注型不正：学生が、宿題、レポート、論文を業者に依頼する不正行為。委託された外部業者は有料で代行する。英語では「contract cheating」といい、「論文代行」という場合もある。
破壊活動：学生が、他の学生の学業が進むのを妨害する不正行為。例えば、図書館の本のページを切り抜く、クラスメートのコンピュータのデータを削除する等。
教員側の不正：筆記試験、口述試験の不適切な採点、不適切な成績評価、生徒（学生）に試験問題のヒントや答えを教える等。

　最初に取り上げる話題は、いわゆるカンニングの問題です。大学生の学習活動は学術的（academic）な営為ですが、その脈絡において最低限度で求められる誠実性（integrity）は、成績評価の際に欺瞞的な行為をしないこと

第二部　学術的誠実性

であることは自明でしょう。したがって、いわゆるカンニングという学術上の不正行為は、誠実性に悖(もと)る行為です。

　カンニング等は、昔からあり、現在も排除できていません。たとえば、正岡子規の随筆の一節を引用しましょう（コラム2-1）。正岡子規（1867-1902）は、現在の愛媛県松山市に生まれ、旧制松山中學入学後、中退して上京、共立學校（現在の私立開成中学・高校）に入学し、大學豫備門（東京大学への進学課程、後の旧制第一高等學校）を受験しました。そのときの顛末が、晩年、「日本」紙に「墨汁一滴」と題して連載した随筆の一節から窺えます（コラム2-1）。正岡子規が「試験は屁の如し」と言っているように、カンニングによって試験そのものの意味に疑問を持たれかねない状況になります。

　最近では、「カンニングペーパー」を試験場に持ち込むというような明白と思われる不正行為から進化（？）して、さまざまな不正行為が登場しています。オーストラリアで起きた「MyMaster事件」（2014年）を例として、この事件をどのように位置づけるかという観点から議論を進めます。この事件は、組織的とも、個々の学生の誠実性を問うことにとどまるともいえる問題です。

第1節　外注型不正：MyMaster事件

　オーストラリアで「MyMasterスキャンダル」と呼ばれる事件の報道（シドニー・モーニング・ヘラルド紙、2014年11月21日、図2-1、p.86）がありました[1]。この報道では、"MyMaster"というウェブサイトが、複数の大学において、成績評価のためのレポート執筆を大学院生に代行させる仲介を行っていたことを報じ、そのサイトの経営者である人物について紹介しました。この人物が30歳の中国出身の女性実業家であったこともあり、当時大きな話題として騒がれました。その見出しは煽動的に「『知ったことか』：大学レポート不正の黒幕である［当該人物名］が記者の質問に返答」でした。

　この報道[1]にあるように、オーストラリア高等教育質・基準機構（Tertiary Education Quality and Starndards Agency, TEQSA）が付託を受けて、

第1章　学業不正

コラム2-1

正岡子規が「日本」紙に「墨汁一滴」と題して連載した随筆の一節
（1901年6月14日分）

余が大學豫備門の試驗を受けたのは明治十七年の九月であつたと思ふ。此時余は共立學校（今の開成中學）の第二級でまだ受驗の力は無い、殊に英語の力が足らないのであつたが、塲馴れのために試驗受けやうぢやないかといふ同級生が澤山あつたので固より落第の積りで戯れに受けて見た。用意などは露もしない。ところが科によると存外たやすいのがあつたが一番困つたのは果して英語であつた。活版摺の問題が配られたので恐る恐るそれを取つて一見すると五問程ある英文の中で自分に讀めるのは殆ど無い。第一に知らない字が多いのだから考へやうもこじつけやうも無い。此時余の同級生は皆片隅の机に並んで座つて居たが（これは始より互に氣脉を通ずる約束があつた爲めだ）余の隣の方から問題中のむつかしい字の譯を傳へて來てくれるので、それで少しは目鼻が明いたやうな心持がして善い加減に答へて置いた。其時或字が分らぬで困つて居ると鄰の男はそれを「幇間」と敎へてくれた、もつとも隣の男も英語不案内の方で二三人隣の方から順々に傳へて來たのだ、併しどう考へても幇間では其文の意味がさつぱり分らぬので此の譯は疑はしかつたけれど自分の知らぬ字だから別に仕方もないので幇間と譯して置いた。今になつて考へて見るとそれは「法官」であつたのであらう、それを口傳へに「ホーカン」といふたのが「幇間」と間違ふたので、法官と幇間の誤などは非常の大滑稽であつた

それから及落の掲示が出るといふ日になつて、まさかに豫備門（一ッ橋外）迄往て見る程の心頼みは無かつたが同級の男が是非行かうといふので行て見ると意外の又意外に及第して居た。却つて余等に英語など敎へてくれた男は落第して居て氣の毒でたまらなかつた。試驗受けた同級生は五六人あつたが及第したのは池菊仙湖（謙二郎）と余と二人であつた。此時は試驗は屁の如しだと思ふた（以下、入学後に英語と数学で苦労した話が続いている。）

［筆者注釈：国立国会図書館デジタルコレクション（info:ndljp/pid/2532407）に基づいて、可能なかぎり旧字旧仮名で翻刻。句読点はそのまま。文中の「池菊」は「菊池」（菊池謙二郎、1867-1945）の間違い。］

第二部　学術的誠実性

図2-1　シドニー・モーニング・ヘラルド紙による不正事件の報道

この種の不正について対応することになりました。その結果として、TEQSAは2016年から2017年にかけて文書[2]を公表し、2018年から本格的な活動を開始しています。また、TEQSAは、この種の不正を"contract cheating"として、一括して表2-2のように解説しています。

表2-2　"contract cheating"に関する TEQSA の解説

> "Contract cheating"という用語は、Clarke and Lancaster[4]の論文によって最初に提案された。
> Contract cheatingが行われるのは、学生が第三者を使って、自分の代わりに成績評価のため自分の成果を実現させようとするものである。そのような第三者には、レポート代筆サービス、友人、家族、自分以外の学生、家庭教師、編集代行サービス、エージェントのウェブサイト、「逆マーケティング」などが含まれる。
> 成績評価を受ける際に不正を働くことは、必ずしも「新しい」現象ではないが、近年においては、世界的にすべての分野で増大しつつあると専門家は主張している。このことは、高等教育資格と学術的産出物の信頼性に関して高等教育界としての憂慮の水準を引き上げており、それに伴って、2015年のMyMaster事件のような話題が、メディアでも取り上げられるようになった。

　この章では、"contract cheating"をその実態に則して「外注型不正」と日本語訳することにします[3]。表2-2の説明では、友人や家族に頼むのも"contract cheating"の類であると考えられます。したがって、「外注」と言っても「発注先」の範囲は、緩やかに広く理解する必要があります。ま

86

た、必ずしも金銭授受を伴うものとは限りません。

　これがオーストラリアにおいて問題となる背景としては、引用した新聞記事が指摘しているように、外国からの留学生がもつ不安、とくに、英語を母語としない学生のより強い不安に付け込むことによって、不正と（おそらく）知りつつも依頼する決断に導くマーケティングへの危惧があります。よく知られた事実ですが、オーストラリアの輸出実績（2017年度）では、高等教育が自然資源に次ぐ輸出産品です（外務・貿易省の統計[5]）。主な輸出先、すなわち留学生の主な出身国は、英語を母語としない中国です。さらに、オーストラリア（またはニュージーランド）の市民であれば国内出身学生として実質的に学費を払う必要はないのに対して、外国籍の留学生（学士課程学生）は、修得単位数に応じてではありますが、約20,000豪ドル/年以上を払っています。単位を修得できなければ、この支払いの少なくとも一部は無駄になってしまいますから、成績評価への不安が募ることは十分予想されます。このような状況下では、外注型不正が増大することも推測されます。しかし、本当に（スキャンダルが目立っているというだけでなく）事実として外注型不正は増大しているのか、増大しているとしたらどのようにすればその増大を抑制できるのか、さらに重要な問題として、上記の引用でも指摘されているように外注型不正が新しい現象だとしても、新しくない不正については、どのような考え方をもって対応すべきなのかなどの問題を検討する必要があります。

　この問題に関する検討と実施が、TEQSAを中心として行われていることの意味についても理解しておく必要があります。TEQSAは、一般的にいうところの「質保証機関」（quality assurance agency）であり、高等教育機関における教育の質保証を目的としていますが、その設置の根拠であるTEQSA法（2011年制定）によって、「TEQSAはオーストラリアの高等教育を規制する。」と規定されています。単に評価するだけではなく、高等教育機関の登録と学習プログラムの適格認定を行う規制的な権能を有している機関として、高等教育において起こっている現象について、あるべき方向に改善する義務を負っていることになります。したがって、このような不正行為についても、当然責任をもって対応することが求められています。さらに、

「海外学生教育サービス法」の制定（ESOS法、2000年）および同法改正（2015年）以降、TEQSAは、高等教育機関における英語学習プログラムの政府登録に対しても責任をもつことになっています[6]。

第2節　外注型不正行為は増えているのか

　TEQSAとオーストラリアの大学・大学団体は連携して、2014年以来、調査、研究、さらに、防止活動に着手していますので、最初にその状況を概観します。この間、外注型不正に関する調査がさまざまな形で行われ、その結果を報告する論文が出ています。イギリスにおいても、この問題を含めてさまざまな調査が行われています。それらの調査報告を広く検討する総説論文[7]も出版されています。この論文は、250以上の文献（論文、統計資料、報告書、報道記事等）を検討したメタ分析の手法によるものです。対象となっている国は、イラン、ナイジェリア等のアジア・アフリカ諸国を含むものの、イギリス、アメリカ合衆国、オーストラリア、カナダ、ニュージーランドなどの英語圏諸国に限られています。この論文の著者自身が強調しているように、調査のほとんどは自己申告を求めて、提出された報告を集計したものであり、報告を提出した学生の背景は十分には把握できていません。さらに、回答率は一般に低く、標本の抽出が便宜的というべきであり、調査時に必要な倫理的措置が講じられていない等の方法論的欠陥というべき調査がかなりを占めています。したがって、著者自身も自認するように、これらの報告のみによって「外注型不正はどこまで一般化しているか。」という疑問には、まだ確たる回答を出せる段階にはないと言うべきでしょう。

　しかしながら、これだけの報告が揃っていることもまた、この問題に対する調査対象となった諸国における関心の高さを示していると言えます。「調査対象となった諸国における」と限定している理由は、この現象が地域や社会の特性に依存するものであるか否かについて、上述のような方法論的不十分さから断言できることではないからです。以下に述べる調査結果が、日本で同様の調査を行った時に得られる結果と整合的になるものであるか否かについては全く見当がつかないと言わざるを得ません。とはいうものの、My-

第1章　学業不正

　Master事件の背景からもわかるように、この問題が学生の国際的流動性と不可分の問題である以上は、どの国においても十分に自覚されるべき問題であり、かつ、この論文が検討した諸文献が示唆する状況に対しては、どの国においても何らかの形で対応措置がとられるべきと思われます。そのための重要な出発点として、現段階において望み得る最良の状況の整理となっています。

　この論文[7]では、上述の一般的な方法論的欠陥についてはとりあえず置いておいて、単純に論文等の学術的著作で報告されている内容を整理すると、調査対象となった学生は54,514人で、そのうち1,919人（3.52％）が外注型不正を利用したと報告したことになると算出しています。調査ごと（全部で71の集団が調査対象になったと分析している）の分布状況、すなわち中位数が3.5％となっていることにも反映しているとしています。このような自己申告による方法は、調査内容が「不正をしているかどうか。」と問うことであり、不正の自己申告を求めるということは、誠実性の毀損の実態を、誠実性を前提として調査するという論点先取に陥っている根本的問題を抱えています。不正を自己申告することは抑制的になりがちであると推定できますから、この数字はむしろ低めの数字であり、実態はさらに多くの外注型不正が生起していると考えられます。とくに、20％以上が外注型不正を自己申告している集団に対する調査の結果は、近年のものに限られることが指摘されています。学術的な不正が、全体として近年多く報告されているという事情を考えれば、この最後の事実のみをもって近年になって外注型不正が増加したと結論することが難しいことは銘記すべきです。この論文の著者[7]は、「複数の統計手法を利用して、漸増傾向にあると言えそうであり、この主張は、統計学的には十分頑健である。」と結論づけています。さらに、犯罪学的な調査においては、具体的な回答を寄せない人びとの方が一般に犯罪行為を行っている傾向があるという事実に照らしてみれば、3.52％という数字よりも多くの外注型不正が、調査対象となった集団においてすら生起していることが予想されます。

89

第二部　学術的誠実性

第3節　どうすれば良いのか：TEQSAとQAAの対応

　TEQSAは、この問題に対応するための枠組みを提案する立場から、質保証に関する基準をTEQSAが適用する際の方針を明確化する「方針文書：学術的誠実性（Guidance Note: AcademicIntegrity）」[8]および実際的な提案を含む具体的な優良事例を紹介する「優良実践文書（Good Practice Note: Addressing contract cheating to safeguard academic integrity）」[9]を刊行しています（2017年10月）。さらに、オーストラリア大学連合（Universities Australia, UA）は、「オーストラリア大学連合における学術的誠実性：優良実践原則（UA Academic Integrity Best Practice Principles）」[10]を刊行（2017年11月）して、大学としての対応方針を明らかにしています。

　オーストラリアと同様に、外国からの留学生が大学経営上重要な位置を占めるイギリスにおいても、その高等教育の全般にわたって質保証を担う質保証機関（Quality Assurance Agency, QAA）が「高等教育における不正の外注：外注型不正、第三者サービスの利用、エッセイ・ミルにどう向き合うか（Contracting to Cheat in Higher Education: How to Address Contract Cheating, the Use of Third-Party Services and Essay Mills）」[11]を刊行（2017年10月）しています。この文書は、公正（equitable）、適正（valid）かつ信頼できる（reliable）成績評価の実施が求められているイギリスの大学が、外注型不正に対応するために問題の認識を深め、その対応方策について助言することを目的として、優良な実践方策を記述し、高等教育における学術的誠実性を推進するものです。

　オーストラリアにせよ、イギリスにせよ、これらの一定の調査に基づき、外注型不正の生起が高等教育制度の信頼性を脅かす程度にまで増加していることを認識した上で、オーストラリアの場合には規制機関としてのTEQSAによって、イギリスの場合には質保証機関としてのQAAによって、高等教育制度の信頼性を「守る」ための対応をとる方向に向かっています。

　QAAは、高等教育機関側として行い得る対応は、表2-3に示す5点に尽きるとしています[11]。また、TEQSAの具体的な優良事例を紹介する「優良

実践文書」[9]には、22の事例が挙げられています（表2-4、p.92）。なお、この表には、QAAの分類（表2-3）との対応が付してあります。

QAAとTEQSAが優良な実践として示唆する対応措置には、共通なものが多く見られます。重要なことは、両者の間の相違よりも共通性です。外注型不正に対しては、教職員、学生の双方に対して情報を提供するとともに、学術的誠実性の観点から、その意味を理解することを促す取組の重要性がわかります。個々の教職員、学生について（A, B）だけではなく、組織、機関としての対応が重要であることも明らかです（E）。

注目したい対応は、QAA文書において、CおよびDに分類されている方策です。QAA文書およびTEQSAの「優良実践文書」は、テキスト一致検出ソフトに言及しています。このソフトウェアは、DNA解析の技術を転用して開発したもので、言語的解析を必要とすることなく、言語を問わず一致の程度を算出することができるようになっています。そのためにQAAでは、言語的解析を補完的に利用することが提案されていると推測されます。このソフトウェアは、蓄積したデータとの一致を算定するもので、同じ外注先を

表2-3　学術的誠実性に対して高等教育機関側として行い得る対応

A	**学生に対する情報提供・支援**：学生に対して学術的誠実性に関する情報提供、支援を積極的に行ない、学習、学術的な文書作成、情報資源利用、自分の言葉による表現、調査研究を自ら行える能力を身につけさせること。
B	**教職員に対する訓練と情報提供**：成績評価に関する学術的な規制および学術的水準と誠実性を維持する教職員の責任について、教職員が最新の情報や外注型不正の考え方を理解し、その疑いがある時の対処手順を教職員が理解しているようにすること。
C	**予防**：可能なかぎり複数の成績評価方法を利用することによって「信頼可能な成績評価」を行うように配慮すること。そのような努力によって、授業科目を見直し、課題を課す際に不正の機会を制限する方法を検討すること。学校の情報環境において「エッセイ・ミル」へのアクセスを遮断したり、それらの広告類に注意しそれらを発見したら対抗措置をとること。
D	**検知**：機関として事態検知のための方法を検討すること。テキスト一致検出ソフトウェアを補完する言語的分析方法を検討すること。学生の癖、能力を理解するようにして、予想外の好成績結果に注意すること。
E	機関として**学術的誠実性**を重視することを価値観や使命として表明すること。規制および指導の方針を明確にして、広い範囲の形式、言語で表現すること。不正の嫌疑を誰がどのように報告するかについて明示的な手順を定めること。不正事実の申立、異議申立について裁定する委員会を構成するとともに、訓練を受けた担当職員による軽微な事案の裁定を許容すること。事後的分析を可能とする不正事案の統計を記録すること。

第二部　学術的誠実性

表2-4　TEQSAが記述する優良実践事例

```
a. 学術的誠実性に関する指針の中で外注型不正を明確に定義する。(E)
b. 大学のオンライン資源、科目概要、必修科目について学術的誠実性と外注型不正に
   関する情報を含める。(A)
c. 外注型不正が認められないことを可視的に明示する。(A)
d. 誠実性の文化を醸成する学生主導の取組を推進する。(A)
e. 学術的誠実性に関する指針に外注型不正に関する情報を含める。(E)
f. 外注型不正の「ホットスポット」を特定するために具体的データを利用する。(E)
g. 外注型不正に対応するための簡潔な手順を確立する。(E)
h. 外注型不正に対して適切かつ一貫性のある対応を行う。(E)
i. 教職員および学生に向けて外注型不正に対する対応結果を伝達する。(A, B)
j. 外注型不正を特定できるように訓練を行う。(B, D)
k. リスク逓減のために、全教職員に対して訓練を行う。(B, D)
l. リスク逓減のために、学術的誠実性を向上させ、非違行為に対応する部署を作る。(E)
m. リスク逓減のために、関係者のすべてに外注型不正について情報提供する。(E)
n. リスク逓減のために、管理職、意思決定者に非違行為データを伝達する。(E)
o. リスク逓減のために、学習のすべての段階で学術的誠実性に関して一貫したメッ
   セージを伝達する。(B)
p. 外注型不正に向き合う教職員を支援する。(E)
q. 外注型不正が生起しにくくするための成績評価の枠組みを設計する。(C)
r. テキスト一致検出ソフトウェアを検知及び教育のために利用する。(D)
s. 「パーソナライズ」された教授・学習の関係を作り出す。(C)
t. 英語以外を母語とする留学生に固有の必要性を認識・支援する。(C)
u. 外注型不正に関して教員と学生とが会話することを振興する。(A, B, C)
v. 高等教育界全体が共同して対応する。(E)
```

　各文末（　）内のA～Eは、表2-3の分類に対応する。

使って不正行為を行えば一致が検出される公算が高くなることは理解できます。このソフトウェアは、学術雑誌出版者によって早くから剽窃の検出に利用されており、日本でも研究不正が話題として取り上げられるようになって以降、大学や研究機関においても採用されるようになってきました。ただし、この利用のためには、レポートなどがデジタル文書としてオンラインで提出されることが必要ですので、そのような成績評価のための成果提出の方法が普及しないかぎり広く活用することは不可能でしょう。

　QAAでは、成績評価方法を工夫することによって、外注型不正をしようとする機会を減らすという方策が考えられています（表2-3、C分類）。単にレポートを出させるという方法によっては、いわゆる「エッセイ・ミル」に「外注」するだけで簡単にレポートを提出されてしまいますので、外注型不正の機会を増進していると考えられます。しかし、たとえば、実習授業について感想を求める、提出されたレポートについて口頭試問する、学生の個

人的体験を含めた内容を求める、教室内で教職員の監督の下でレポートを完成させる等の工夫が重要な役割を果たしていることが検証されています。しかしながら、これらの工夫は、手間がかかるものであることも事実です。実習授業についての感想が事実に基づいていることを確認することは大変ですし、一人ひとりにレポート内容を口頭で確認するとなると、成績報告〆切までの限られた時間内に完了させることも無理なことでしょう。学生の個人的体験を含めるといっても、学生の個人的体験の内容を別途確認することによって学生の報告内容の検証をしないかぎり、学生が想像しただけの体験でも十分に「パーソナライズ」されたものとして認めざるを得なくなりますので、単に「学生の個人的体験を含めさせる」ことによってだけでは、当該の学生本人が書いたレポートであるか否かを判定することは難しいでしょう。

　これらの工夫は、成績評価に求められる公正性を毀損する惧れもあります。このように個人的体験に則したり、口頭で内容を個別に確認することによって、成績評価が集団一様に行われることによって求められる公平性が担保されなくなる可能性もあります。もちろん科目ごとの成績評価は、教育プログラムの修了を認定するために獲得された知識・能力に関する評価の一部ではなく、学生の学習を促進・支援するための漸進的（progressive）な評価と考えるならば、これらの工夫は優れたものです。しかし、そのような考え方については、「成績評価（の目的）とは何か」という問題にまで広げて考察すべきであると思われます。いずれにしても、外注型不正を退治するために、成績評価の本義がおろそかになるとすれば、それは本末転倒です。この考察は、「成績評価とは何なのか」という一般的な考察の必要性を示唆していると考えられます。

第4節　「学術的誠実性」とは何か？

　成績評価とは何であり、その脈絡における不正とは、どのように定義できるものなのでしょうか。日本における理解については第5節で詳論します。QAAやTEQSAの諸文書でも引用されている「学術的誠実性」の定義は、学術的誠実性国際センター（International Center for Academic Integrity,

ICAI）によるものです[12]。学術的に誠実であるということは、その遂行が容易ではない場合でも、正直、信頼、尊敬、公正、責任、勇気という六つの基本的な価値（表2-5）を実現しようとすることです[13]。これらの価値観をもとにして、学術的共同体が理念を行動に変換することを可能とする行動原則が生まれると考えています。

表2-5　学術的誠実性を実現する基本的な価値

正直（Honesty）：学術共同体の誠実性は、学習、教授、研究および社会貢献において、知性的また個人的な正直によって、真実と知識の追求を発展させる。
信頼（Trust）：学術共同体の誠実性は、信頼関係を促進すると同時に、互いに信頼できる環境を必要とする。信頼が確保された環境では、アイディアを自由に交換でき、学術的な探求を最大限に活かすことができる。
尊敬（Respect）：学術共同体の誠実性は、双方向的で協同的な参加型の学習を尊重して、多様な意見や考えを尊重かつ重要であると認識して、これらを考慮する。
公正（Fairness）：学術共同体の誠実性は、学生や大学教職員間の交流の公正性を保持するために、明確で透明性のある期待、基準および取組を確立する。
責任（Responsibility）：学術共同体の誠実性は、各個人の責任が基盤となると同時に各個人や団体が進んで模範となる意欲を持ち、合意に基づいた基準を守り、不正に対しての処置をとる。
勇気（Courage）：学術共同体の誠実性を築き上げて持続するためには、基本的な価値観を信じているだけでは足りない。話題やテーマから価値観を抽出し、それを行動に移すこと、つまり逆境やプレッシャーに対してもこれらの価値観を守るには決断力、約束を果たすこと、そして勇気が必要である。

ヨーロッパ連合（European Union, EU）によって創設され、Erasumu+プログラムが支援している学術的誠実性のためのヨーロッパ・ネットワーク（European Network for Academic Integrity, ENAI）が編集している用語集[14]では、やや抽象的かつ一般的に、「教育、研究、学術（scholarship）における意思決定および行動のための指針として役立つ倫理的かつ専門家としての原則、基準、実践および整合的な価値観に従うこと」と定義しています。

これらの定義と基本的に同じ趣旨の内容が学術的誠実性に関して真剣に取り組もうとする各国における方針・指針においても採用されています。その本質的な部分は二つに分けられます。第一は、学術的誠実性とは一定の価値観に拘ることだということです。その内容は、ICAIの六つの価値（表2-5）の前半部分である、正直、信頼、尊敬に対応します。第二の部分

は、後半の三つの価値および定義全体の後半の言明に表現されている、行動の原理、指針を与えるものです。ENAIの定義でも、順序は逆ですが、行動の指針であることと、価値観への関与という内容が含まれています。

　したがって、この定義の趣旨を理解するためには、前提とされている価値観と、そこから導かれる行動指針の特性について明らかにしておく必要があります。このように定義される「学術的誠実性」は、外注型不正を防止するためだけでなく、それ以外の学生の学習成果を測定する成績評価という大学として当然の活動に関する不正行為や非違行為（ルール違反）、すなわち、従来からも不正とされていた行為も等しく律する原則です。実際、ICAIの定義は、1999年に公表されたものですので、時代的にみて外注型不正問題が顕在化するはるか以前における事態の認識に基づくものでした。「学術的（academic）」という言葉は、学習、教育、研究、その他の便宜供与をすべて含むものと考えられおり、その場面における「誠実性（integrity）」とは、学術共同体に属するすべての人びと、つまり、教員、研究者、学生、行政担当者のすべてが、相互を尊重し、対等に意見を交わし、共同して不正に立ち向かうという精神を共有していることを意味しています。このことは、表２-５に示した学術的誠実性を構成する六つの要素に関する説明から読み取れます。これらの要素の説明に出てくる「学術的共同体（academic community）」という表現は、この定義の基本的な立場を示しています。すなわち、学術的誠実性は、大学という「学術的共同体」が責任をもって維持するべきものであるという理念です。その理念は、成績評価という行為の「誠実性」を学術的共同体である大学が保証する制度として実現されていると考えられます。外注型不正は、この理念をいわば外部から脅かすものであり、だからこそ学術的共同体としての大学としては、なんとかして抑制しなければならないものです（コラム２-２）。

コラム２-２

学術的共同体としての大学は、**組織として、**不正行為に立ち向かわなければならない。

第二部　学術的誠実性

　入学試験における不正行為も、この意味では、学術的共同体が責任をもつべき成績評価における不正行為、すなわち、大学における学習成果の測定のための「試験」「レポート」における不正行為とは区別して論じる必要があります。後者は、学術的誠実性の担保という観点から論じるべき問題であるのに対して、前者は、（別種の教育機関を含む）いわば「一般社会」と大学との間の移行に関わる問題だからです。入学者選抜のための大学の行為は、大学の構成員を選択することであって、学習成果を測定していたとしても、それは大学が提供した教育の質に結びつく学習成果の測定ではありません。この意味では、これまでも入学試験における不正行為を、一般の社会的行為が従うべき法律等（たとえば、偽計業務妨害）によって告発したような行為には、十分な根拠があると考えられます。

　このことと同様の事情が、外注型不正の扱いが学術的誠実性の維持にとって脅威であるだけでなく、対応困難であることの理由を与えることになります。すなわち、外注型不正においても重要な関係者は、大学、高等教育機関外の第三者である「エッセイ・ミル」であったり、雇われた家庭教師であったりします。したがって、大学内の規則、すなわち、学術的共同体の自律的な自覚によって、そのようなサービスを利用した学生に対して、一定の規則に従って何らかの処分を行うことができたとしても、これらの第三者に、その処分を及ぼすことが困難であることは明らかです。さらに実際には、イギリスで出版された考察[15]では、「エッセイ・ミル」の業態を調査して従来の詐欺行為を取り締る法律（Fraud Act）の適用の可能性を検討した上で、一般的にはその適用が困難であると結論しており、この問題に対する法律的なアプローチも困難であることがわかります。実際、アメリカ合衆国では、大学がこのようなサービスを提供する商業会社を告訴したことがありますが、犯罪性を立証することができず敗訴した例もあります[16]。

第5節　日本における学術的誠実性と学習成果測定における不正行為

　外注型不正といういわば21世紀に特有の不正行為が次第に重要な話題と

なっている海外事情の背景には、学術的誠実性とその維持を脅かす不正行為一般との間の緊張関係が存在することが見てとれます。この一般的問題について、日本の状況を考えてみましょう。

　現在の日本において、外注型不正が、どの程度行われているかということに関して定量的な認識を与えることができる調査は存在しません。いくつかのアンケート調査の報告を見ることができますが、調査対象の学生数も少なく、一般的傾向を示すことを目的とするものは全くないと言ってよいでしょう。近年、情報機器を利用した不正行為が散見されるようになったことから、その対策案を提案する論文も発表されていますが、ほとんどの場合、その手法を紹介、評価するものであり、客観的な事実を明らかにしてはいません[17]。

　一般的に（外注型に限らず）不正行為が、どの程度生起しているかということを推測する調査も十分に行われているとは言えません。ただ、後述するような仕組みによって、試験における不正行為については、一定の懲戒処分が行われており、その中に退学または停学の処分が含まれていますので、退学等に関する調査からそれを推測することができると考えることは自然な発想と思われます。文部科学省は、2014年度に全高等教育機関に対して調査し、2012年度における退学者、休学者の状況を把握しました[18]（表2-6、p. 98）。

　しかし、この表を見るかぎりでは、懲戒処分を理由として退学した者の割合はわかりません。具体的な理由の項目としてあがっていない以上は、「その他」項目の中に含まれていると考えられます。しかし、国立大学で36.6％、私立大学で23.3％は、示された項目のどれよりも大きい比率ですから、この調査結果からは、外注型不正の程度だけでなく不正行為一般の程度すら推測することができません。

　とはいうものの、MyMaster事件の原因となったようなウェブサイトが存在することは、ウェブをいくつかのキーワード（たとえば、「レポート代筆」、「卒論代行」）で検索すれば、いくつも見つかることが容易に理解できます。以下には、そのようにして得た検索結果から辿れたウェブページの一部を引用してあります（ただし、この事実をこのような形で指摘しているこ

第二部　学術的誠実性

表2-6　大学等の中途退学者の状況（平成24年度）

理　由	国　立	公　立	私　立	高　専	合　計
学業不振	1,269（12.1）	241（10.2）	9,521（14.6）	472（33.6）	11,503（14.5）
学校生活不適応	125（1.2）	72（3.0）	3,196（4.9）	68（4.8）	3,461（4.4）
就　職	2,150（20.5）	308（13.0）	8,058（12.4）	111（7.9）	10,627（13.4）
転　学	1,219（11.6）	376（15.8）	10,137（15.6）	508（36.2）	12,240（15.4）
海外留学	69（0.7）	18（0.8）	489（0.8）	3（0.2）	579（0.7）
病気・けが・死亡	592（5.7）	149（6.3）	3,837（5.9）	38（2.7）	4,616（5.8）
経済的理由	1,214（11.6）	253（10.7）	14,700（22.0）	14（1.0）	16,181（20.4）
その他	3,829（36.6）	956（40.3）	15,128（23.3）	191（13.6）	20,104（25.3）
合　計	10,467（100）	2,373（100）	65,066（100）	1,405（100）	79,311（100）

単位：人数。カッコ内数字は、それぞれの学校種の学生数に占める割合（％）。文部科学省調査資料[18]より作成。対象校1,191校のうち回答校1,163校（回答率97.6％）

とは、このようなサイトを読者が利用するための便宜を図っているという意図はありません）。なかには実績を誇るサイトもあるので、（サイト自体が詐欺のような行為のきっかけとなるものであるのに、偽りの表示をしていないと考えることはやや整合性に欠けることになるかもしれませんが）確かに実績があると考えてよいだろうと思われます。実際に、ウェブ上の相談サイトなどには、他大学の友人のレポートを代筆したが、それが発覚した場合に自分は処分されることになるだろうかというような質問がある（ウェブ上で現認していますが、証拠としてURLを表示することは控えます）ことから考えて、外注型不正が行われていることは、事実と考えてよいと思われます。

　すでに述べましたように、外注型ではない不正行為はすでに処分されていることが、大学教員の経験がある人びとには十分に知られていると考えられます。そのような処分は、どのような根拠に基づいて行われているのでしょうか。このことについては、教育法を専門とする大学教員による考察がすでにいくつも発表されています[19]。それらの内容をまとめて以下に紹介します。

最初に検討すべき大きな枠組みは、大学が所属する学生を処分できるのは、どのような根拠によって行われているかという疑問があります。この疑問に対しては、学校教育法第11条が根拠であるということができます（巻末資料、p. 171）。その具体的内容については、学校教育法施行規則第26条に定められています。同条第3項において、懲戒処分としての退学処分を行い得る対象となる学生として、① 性行不良で改善の見込がないと認められる者、② 学力劣等で成業の見込がないと認められる者、③ 正当の理由がなくて出席常でない者、④ 学校の秩序を乱し，その他学生又は生徒としての本分に反した者の4種を掲げています。ただし、学校教育法第11条では、懲戒は「教育上必要があると認めるとき」に行うことができるとされていますので、どのような場合に教育上必要があると認めることが不合理でないと言い得るのかを明らかにする必要があります。本章は、学術的誠実性とそれを脅かす不正行為について述べることが目的ですので、どのようなことをこれらの4項目のうち、①②③に相当する者ではなく、④に相当する者について検討すればよいでしょう。いくつかの具体的例を大学名を伏せて以下に引用します。

A大学
（1）当該試験科目に関係するカンニング用の紙片、授業に関連した情報が入力されている情報機器等の不正行為に使用できる物を使用可能な状態で所持する行為
（2）隠し持ったカンニング用の紙片若しくは他人の答案を見て、又は情報機器等を使用して解答する行為
（3）他人に代わり受験し、又はこれを依頼する行為
（4）試験監督の指示に従わない行為
（5）その他試験に関し不正行為と見なし得る行為

B大学
（1）受験科目の内容を記入した物品を使用又は身の回りに所持する。
（2）教科書・参考書・ノート・プリントを使用又は身の回りに所持する

（事前に許可されているものを除く）。
（3）携帯電話・スマートフォン・電子辞書・電卓等の電子機器類を使用又は身の回りに所持する（事前に許可されているものを除く）。
（4）他の学生の答案を見る。
（5）他の学生に答えを教える。周囲の学生に見えるように答案や姿勢をずらす。
（6）本人以外の者が受験する。
（7）その他、上記に準ずる行為及び成績評価や試験実施に支障が生ずる行為。

C大学（この大学では、不正行為の種類ごとに処分の種類があらかじめ定められていますが、退学はありません。）
物的証拠の有るもの
　予め用意した模範解答（カンニングペーパー）などを見る　　　停学
　本人以外による受験（替え玉受験）　　　　　　　　　　　　　停学
　通信機器の使用　　　　　　　　　　　　　　　　　　　　　　停学
　試験中の物の貸し借り　　　　　　　　　　　　　　　　　　　停学
　机の上及び中に、許可の無いものの持ち込み　　　　　　　　　停学
　解答用紙の持ち帰り　　　　　　　　　　　　　　　　　　　　訓告
　携帯電話・PHSなどの機械音を鳴らす　　　　　　　　　　　　訓告
物的証拠の無いもの
　他者の答案を見る行為、または自己の答案を見せる行為　　　　停学
　試験時間外の解答　　　　　　　　　　　　　　　　　　　　　停学
　許可された時間外の入退室、或いは再入室　　　　　　　　　　停学
その他
　監督の指示に従わない行為　　　　　　　　　　　　　　　　　停学
　繰り返し注意や訓告を受ける行為（二回以上）　　　　　　　　停学
　レポートの作成にあたって、他人の書いた文章等の盗作、
　盗用等の剽窃行為を行った場合　　　　　　　　　　　　　　　停学
　物的証拠のない場合で、疑わしい場合　　　　　　　　　　　　訓告

D大学（C大学と同様に処分の程度があらかじめ定められています。退学はありません。）
（1）代人受験（依頼した者・受験した者）2ヶ月の停学処分とし、当該科目履修期間における定期試験実施科目を無効とする。
（2）答案交換　第1号に同じ
（3）カンニングペーパー廻し　けん責処分とし、当該科目履修期間における定期試験実施科目を無効とする。
（4）カンニングペーパーの使用　第3号に同じ
（5）当該試験に関する事項の書込み（所持品・電子機器・身体・机・壁等）　第3号に同じ
（6）答案を写す（見た者・見せた者）　第3号に同じ
（7）言語・動作・電子機器等により連絡する行為（連絡した者・連絡を受けた者）　第3号に同じ
（8）使用が許可されていない参考書・電子機器その他の物品の使用　第3号に同じ
（9）他人の学生証を利用した受験（貸した者・借りた者）　第3号に同じ
（10）偽名又は氏名抹消　第3号に同じ
（11）故意による無記名　第3号に同じ
（12）答案不提出　第3号に同じ
（13）使用が許可された参考書等の貸借（貸した者・借りた者）　けん責処分とし、当該受験科目を無効とする。
（14）その他試験監督者及び試験委員が不正行為と認めた場合　第1号から第13号に準じて処分する。

　これらの事例から理解できることは、第一に、不正行為は試験実施の際に生じるものが大半です。この理由は、大学設置基準第27条において、単位の授与は試験によることを原則としており、かつ、同基準第32条で卒業要件として一定数の単位の修得が含まれることが定められているからです。
　しかし、過去30年間の大学教育の改革を通じて、学習指導の方法は大幅に

多様化しており、単純に知識の多寡をもって成績を序列することは不可能に近いものとなっています。ディプロマ・ポリシーに掲げられた卒業・修了時に獲得していることが期待される能力、とくに言語的伝達能力や批判的思考力等の汎用的能力については、特定の科目というよりも複数の科目によるさまざまな指導を通じて獲得できるようにカリキュラム・ポリシーを定め、さらに、それぞれの授業科目の寄与を、たとえば、カリキュラムマップのような形式で示すことが期待されています。そのように複数の達成目標をもつ科目の成績評価が、一律的な「ペーパーテスト」によって実現可能であることは想像しにくい状況になっています。そのために、ほとんどの大学で、成績評価の方法をシラバスで示す時に、ペーパーテストの結果だけではなく、授業時間における日常的な参加の度合いや（昔から存在した方法ですが）一定の長さのレポート・小論文の提出を求めることによって、それぞれの授業科目が目標としての達成の程度を総合的に評価するとしていることが多くなっています。その結果として、外注型不正の発生の可能性が高まっているとも考えられます。しかし、上述の大学のうち、そのような状況を認識しているのは、C大学のみであるといってよいでしょう（「その他」分類の内の第3番目の項目）。それすらも剽窃、盗用に言及するにとどまり、外注型不正について明示的には述べてはいません。

　ここで挙げられているような不正行為がなぜ不正であり、処分の対象になるのかを学生に対して十分に説明しているかが問題になります。ほとんどの大学では、不正行為について、それらが、なぜ不正であるのかを説明する資料を作成していません。例外的な取組としては、学生対象ではなく、教員への手引書の位置づけである文書の中で、図2-2のように提案しています[20]。

　これは、ICAIの定義（p. 94）に従えば、「信頼」の醸成によって不正行為を抑制しようとする方針であると思われます。しかし、全体としては、個別の教員の良識を求める形になっており、大学としてどのような方向で考えているかは、必ずしも明示されていないと言うべきでしょう。

　最後に、スタンフォード大学の「名誉規則（The Honor Code）」をめぐる展開を考えておきましょう。スタンフォード大学は、現在は北米有数の研究大学ですが、夭逝した息子を偲んで「カリフォルニアの子等を私たちの子

図2-2　名古屋大学高等教育研究センターが編集・公表した教員の手引書「ティップス先生」の抜粋

試験をめぐるトラブル

(1) 不正行為をどう防止するか

　そりゃあ、入学試験と同様に不正行為が発覚したときに失うものが大きいようにして、取締りを強化すれば不正行為を防止することはできるでしょう。しかし、このように人を見たら泥棒と思え式で対処していると、学生との信頼関係はぼろぼろになりますよね。「不正行為したいけどできない」ではなく「不正行為をしようとは思わない」試験にしていくにはどのようにすればよいのでしょうか？これは難しい問題です。特効薬はありませんが、いくつかのポイントを上げておきましょう。

- クラスの普段の運営において、学生が個人として扱われているという自覚を育てておく。大勢の中の名も無い一人であるとみなされていると感じているときは、個人として知られていると感じているときに比べてずっと不正行為に対する心理的障壁が低くなってしまいます。
- 教師が学生を信頼せず不正行為の摘発に血道を上げているのはどうかと思いますが、逆に教師がまったく無関心に見えると不正行為を生み出してしまいます。不正行為は軽蔑すべきことだと考えていることを伝え、試験時間中は適切に見回りをするなど、不正行為の防止に関心を持っているというメッセージを伝えることが大切です。
- 試験場を巡回している際に、疑わしい行為を見つけたとします。そのときは、いきなり「君、いまカンニングしたろう！」と決め付けるのも、動かぬ尻尾をつかむまで見てみぬふりをするのも得策とは言えません。われわれにとって重要なのは不正行為の検挙率を上げることでは決して無いのですから。「その本をしまったら？　不正行為と誤解されますよ。」など注意の促し方を工夫する必要があります。
- 試験において不正行為を誘発しがちなのは、その試験さえ合格すれば単位が認定されるという一発試験型の成績評価です。これは、その試験にあまりに比重がかかりすぎるために、学生に過大なプレッシャーをかけてしまう（この試験に落ちたらいままでの努力が無駄になる！）ことと、逆に、その試験さえ何とか合格してしまえば、仮に一度も授業に参加していなくても単位がもらえると考える学生が増えること、という二つの点で、不正行為に危険を冒しても行うだけのメリットを与えてしまいます。中間試験、課題提出など学生が評価を受ける複数の機会を設けることでこうした問題を防ぐことができます。
- 試験の内容を、標準的な学習をしていればそれなりの点数が獲得できるような妥当なものにする。トリッキーで、学生の実力を発揮させるよりは、学生をふるい落とすことを目的にしたような敵対的な問題ばかりを出題していると、学生は自衛手段として不正行為に頼るようになってしまいます。

とすべし」という言葉とともに、創設（1891年）され、その発祥はカレッジ教育の機関でした。1921年に「名誉規則」[21]を定め、現在でも遵守されています（コラム2-3、p. 104）。

　このような学生の自主性、自発性を尊重する名誉規則は、18世紀以来アメリカ合衆国のカレッジでは一般的なものですが、他方で試験監督をしないことを徹底するような慣行は崩れつつあり、それを墨守するスタンフォード大学は少数派となっており、同大学の学内においても、学生を大人扱いすることの偽善を問題視する論調も現われています[22]。

第二部　学術的誠実性

> **コラム2-3**
>
> スタンフォード大学の「名誉規則」
> 　本信義規定において、個人及び集団としての学生は以下のことを約束する。学生は試験に際し、いかなる補助も受けたり提供したりしない。学生は教室の授業においても、レポートの作成においても、教員が成績評価のために利用するその他提出物の作成においても、許されていないいかなる補助も受けたり提供したりしない。学生は、自分だけでなく他の学生がこの信義規定の精神と文言を擁護するために責任を負い、積極的な役割を果す。
> 　教員としても、試験の際に監督すること、及び上述の不誠実な行為を防止するために異常かつ不合理な予防を控えることによって、学生の信義を信頼することを明確にする。教員は、また、信義規定に違反する誘惑を生み出す教育方法を実行可能な範囲で回避する。
> 　学術的な要請を定める権利と義務は、教員のみに帰属するが、学生と教員とが協働して信義に値する学術的営為のための最善の条件を確立する。
> ［筆者が日本語訳］

第6節　わが国の大学における成績評価の公正性と質保証

前節に記述したわが国の大学の状況は、次のようにまとめられるでしょう。

① 日本の大学に関しては、学術的誠実性の観点から成績評価に係る不正行為について調査することも、具体的な不正行為の多様化に対処した方針の策定も行われていない。

② ただし、不正行為の類型化とそれに対する対応（処分等）は、少なくとも学校教育法等の法令的根拠に基づいて策定され、おそらく適正に実施されている。

この状況について、高等教育の質保証という観点から検討します。高等教育の質保証は、高等教育機関における教育活動とその成果が、社会の期待どおりのものであり、かつ、高等教育機関の成り立ちに鑑みて、学術的観点か

ら適切なものであることを「保証」することを目的としています。前者の保証は、高等教育機関ごとに、学生の修了・卒業時に社会が要求する内容・水準の知識や能力を身につけていることを示すことによって達成されます。後者の保証は、教育課程の内容や実施方法が、それぞれの専門分野の特性に則して、適切であることを示すことによって達成されます。教育課程を内容や実施方法に関して適切に実施されていても、卒業・修了した学生のもつ知識、能力が社会の期待に応えたものでない場合には、質保証の活動が、その点を指摘する必要があります。大学は、卒業・修了を許可するにあたって、学術的観点からみて適切な教育、指導の結果を得ていることを学生ごとに確認する必要があり、その手段が修得した単位の数を数えるという方法によって実現しています。したがって、質保証の観点からみた場合、各大学における単位を授与するか否かの判断が公正であり、信用できることを確認する必要があります。

　大学改革支援・学位授与機構が実施している大学機関別認証評価においては、成績評価と卒業・修了認定に関する基準を設け、その二つの基準を満たしているか否かを判断するために必要な資料やデータの提供を求めています。具体的には、成績評価については、組織として定めた成績評価基準とそれに則した成績評価の実態を確認できる資料を求め、卒業・修了認定についても、その基準と判断の実際とを資料として求めています。しかしながら、不正行為を防止するための手段が講じられていることを確認するための資料は、求めていません。

　その理由の一つは、上述しましたように学校教育法、学校教育法施行規則で定められた懲戒に関する規定がある以上は、少なくともルールとして、それが定められていることは周知の事実ですので、あえて確認をする必要がないという判断によるものです。それだけではなく、たとえ形式的にはルールが定まっていたとしても、現実に不正行為を排除し得ていることを確認することが極めて困難であることから、成績評価が不正行為を排除できていないという意味で不適切ではないことを社会に対して示すだけの十分な根拠とは、何であるかということに関する検討が不十分であることも重要な理由です。しかし、冒頭に紹介しましたように、TEQSAが、この問題により積極

第二部　学術的誠実性

的に取り組むようになっているという事実は、質保証をするかぎりは、成績評価の過程で不正が存在していないことを示す、あるいは少なくとも、外注型不正を含めて不正行為を排除する仕組みの整備を求める必要があるかもしれません。

《注》
（１）「MyMasterスキャンダル」の報道内容抜粋（シドニー・モーニング・ヘラルド紙、2014年11月21日）：（前略）1,000人程度の学生がこのサービスを利用していたことが知られており、その学生の大半が英語で苦労している中国からの留学生であった。その中には、別の人物に課題レポートを完成してもらうために1,000豪ドルも払っていた者もいる。MyMasterサイトの広告チラシを見ると、同氏は多くの留学生がもつ不安感を利用して巧みに金儲けに成功した。あるチラシには「学校の勉強のことで頭を苦しめていませんか。落第した科目に再履修料金3,000豪ドルを払わなければならなくなることを心配していませんか。そういう心配は、MyMasterに任せて、学校生活を楽に送るようにしましょう。」と書かれていた。同氏は、本紙の調査のあとでサイトを閉鎖している。この会社の唯一の経営者として、同氏は少くとも160,000豪ドルの収益を上げていた。今月本紙が同氏に問い合わせたところ、そのようなサイトのことは聞いたこともないが、調査し返答すると約束した。（中略）その後の本紙の電子メールの問い合わせには返答がなく、数時間後にサイトは撤去されていた。（以下、この経営者の個人的背景に関する記述は省略）このことが明らかになったのち本紙教育報道班には、大学におけるこのような不正や剽窃の問題が蔓延していることを示す何十人もの大学関係者からの意見が押し寄せた。この案件は、すでに（2014年11月の段階で：引用者付記）オーストラリアの大学全体の質保証に責任をもつ政府の規制機関であるオーストラリア高等教育質・基準機構に付託されている。（以下、各州、各大学における対応事例の紹介省略）同氏の事業は、デザイナーブランドのバッグを購入するような贅沢好みを顧客とするものであり、そのバッグはすでにオンラインで3,000豪ドル以上の価格で売られているが、本紙からの質問には回答していない。
（２）TEQSA outlines ways to cut contract cheating（2017）https://www.teqsa.gov.au/latest-news/media-releases/teqsa-outlines-ways-cut-contract-cheating
（３）英語では「cheating：不正手段でお金・財産などを得るためにだますこと」を使い、「cunning：ずるさ、悪賢さ」は使わない。
（４）Clarke, R., Lancaster, T.（2006）Eliminating the successor to plagiarism? Identifying the usage of contract cheating sites. http://citeseerx.ist.psu.edu/viewdoc/summary?doi=10.1.1.120.5440

第 1 章　学業不正

（5）　Australia's Top 25 Exports, Goods and Services. https://dfat.gov.au/trade/resources/trade-statistics/trade-in-goods-and-services/Documents/australias-goods-services-by-top-25-exports-2017-18.pdf
（6）　職業教育機関に対しては、オーストラリア技術質機関（Australian Skills Quality Authority, ASQA）が責任をもちます。
（7）　Newton, P.M.（2018）How Common Is Commercial Contract Cheating in Higher Education and IsIt Increasing? A Systematic Review. Frontiers in Education Vol. 3　https://cronfa.swan.ac.uk/Record/cronfa43662
（8）　Guidance Note: Academic Integrity, Beta version 1.1（Consultation Draft）11 October 2017．https://www.teqsa.gov.au/latest-news/publications/guidance-note-academic-integrity
（9）　Good Practice Note: Addressing contract cheating to safeguard academic integrity　4 October 2017．https://www.teqsa.gov.au/latest-news/publications/good-practice-note-addressing-contract-cheating-safeguard-academic
（10）　UA Academic Integrity Best Practice Principles. https://www.universitiesaustralia.edu.au/Media-and-Events/Publications/UA-Academic-Integrity-Best-Practice-Principles#.XDwkky2KXNY
（11）　Contracting to Cheat in Higher Education. https://www.qaa.ac.uk/search-results?indexCatalogue=global&searchQuery=Contracting%20to%20Cheat%20in%20Higher&wordsMode=AllWords
（12）　International Center for Academic Integrity. https://academicintegrity.org。「センター」（1991年に設立）という名称ではあるが、とくに物理的な建物があるセンターではなく、バーチャルな団体として、ウェブサイトを中心とし、会議・会合と出版物・調査活動で運営されている会員制の組織である。
（13）　Fishman, T.（Ed.）（2013）The Fundamental Values of Academic Integrity, 2 nd Edition. https://academicintegrity.org/fundamental-values/。ここで引用している版は、初版（1999年に公表）を改訂した第2版である。初版からの主要な改訂内容は、第六要素である"courage"「勇気」の追加で、この追加の理由として、「学術的誠実性に関する仕事を通じて、別の行動をとらせようというプレッシャーに抗して、基本的な価値観を実現する際には、勇気が不可欠であることを理解した。」と述べている。ここで「基本的な価値観」とは、その他の五要素からなる価値観である。
（14）　European Network for Academic Integrity, Glossary. http://www.academicintegrity.eu/wp/glossary/このページのリンクから主要な用語の説明が見られる形式になっており、学術的誠実性に関連する用語として、academic dishonesty（学術的不正直）、academic ethics（学術倫理）、academic malpractice/misconduct（学術的

107

不正行為）が定義されている。

(15) 　Michael J. et al.（2017）Are Essay Mills committing fraud? An analysis of their behaviours vs the 2006 Fraud Act（UK）. International Journal for Educational Integrity 2017 13: 3　https://edintegrity.biomedcentral.com/articles/10.1007/s40979-017-0014-5

(16) 　Trustees of Boston Univ. v. ASM COMMUNICATIONS, U.S. District Court for the District of Massachusetts - 33 F. Supp. 2 d 66（D. Mass. 1998），December 4, 1998　https://law.justia.com/cases/federal/district-courts/FSupp2/33/66/2519101/

(17) 　たとえば、佐藤公代・酒井千尋（2004）「道徳性の発達に関する研究（10）―大学生のカンニング意識について―」愛媛大学教育学部紀要（教育科学）第50巻第2号 pp. 45-52は手近な対象への素朴な調査結果を示すだけで、かつ、研究者の規範意識が優越した論理構成になっているので、客観的な事実を明らかにするものとはなっていない。また、大関真之（2015）「ボルツマン機械学習によるカンニング検出技術～スパース解の任意性のない推定法～」信学技報、vol. 114、no. 502、IBIS ML2014-85、pp. 1 - 8、2015年3月は、あくまで検出技術にのみ関心があるように思われる。

(18) 　文部科学省調査資料「中途退学者の状況」http://www.mext.go.jp/b_menu/houdou/26/10/icsFiles/afieldfile/2014/10/08/1352425_01.pdf

(19) 　たとえば、星野豊（2008）「学校内処分の妥当性（1）」筑波法政　第45号　pp. 57-69。星野豊（2009）「学校内処分の妥当性（2）」筑波法政　第46号　pp. 97-106。星野豊（2010）「学校内処分の妥当性（3・完）」筑波法政　第48号　pp. 1 - 7。萩原弘子（2018）「コピペ・レポート問題から考える大学教育：今後の議論に向けて」RI : Researh Integrity Reports. 3　pp. 3 -32。清野惇（2003）「学生懲戒の法理と運用」修道法学　第25巻　第2号　pp. 1 -44

(20) 　この教員への手引書は、名古屋大学高等教育研究センターが編集して2000年にすでに公表し、2005年に第7版を発表している。その刊行の目的は、「われわれ教員が日ごろの教育活動のなかでしばしば出会う困ったこと、悩みの解決のためにちょっとしたヒントをさし上げよう。」と「はじめに」に述べられている。

(21) 　Office of Community Standards, Student Affairs, Honor Code. https://communitystandards.stanford.edu/policies-and-guidance/honor-code

(22) 　Abolish the Honor Code. https://stanfordreview.org/abolish-the-honor-code/

第2章
大学スポーツ：ノースカロライナ大学チャペルヒル校事件

　Thorstein Veblen（1857-1929、アメリカ合衆国）は、20世紀初頭における合衆国の資本主義への批判で知られる経済学者、社会学者で、1918年に刊行された著書『アメリカにおける高等学術：実業家による大学の管理運営に関する覚書（The Higher Learning In America: A Memorandum On the Conductof Universities By Business Men）』で、実業の方針が大学を律することになった結果に関する観察を述べています。この著書の「学術的運営とその方針」と題される章の中から、大学スポーツの起源に関する一節を引用しました（コラム2-4、p.110）。

　大学には、学生個人の誠実性の問題を越えて、組織、機関が学術的に誠実であるか否かが問われる場面があります。具体的には、2018年には日本でも話題となった「大学スポーツ」の学術的観点からの位置づけの問題は、大学における教育の学術的誠実性を損なう可能性があるものとして、その構造を整理しておく必要があります。具体的問題としては、外国の事例にはなりますが、2010年代に繰り広げられたアメリカ合衆国のノースカロライナ大学チャペルヒル校（以下「UNC」と略します。）における「アフリカ及びアフリカ系アメリカ研究学科」をめぐる問題を取り上げます。UNCは、アメリカ合衆国内で有数の州立フラッグシップ大学であり、研究大学としても高く評価されています。同時にフットボールやバスケットボールの強い大学として有名です。しかし、この学科に学生スポーツ選手の多くが所属し、その教育の状況が不適切であることが調査の結果明らかとなったことから、関係者の間でさまざまな軋轢が生じた事件が起きました。この事件は、大学教育の使命とスポーツ振興との関係について、いくつもの「現代的」問題を提起しています。

第1節　経緯

　学生スポーツ選手の学業をめぐって、2014年に全米の話題になったUNC

コラム2-4

『アメリカにおける高等学術：実業家による大学の管理運営に関する覚書』（1918年）からの引用

　学士課程の学校すなわちカレッジ教育の学校は、その数においてだけではなく、学術に対する管理運営の健全性に払われる注意においても非常に巨大であるが、規模以外の側面において、事務的管理の段階から現在の管理の端緒を画す実業的運営の段階へ変化して以来、際立った変化を経ている。これらの学校は、数量的な増加に伴って、学術的事柄に直接関係すること以外のさまざまな機能を次第に多く担うようになってきている。同時に、数量的増加は、このように肥大化した学生集団の学業上の様相に変化をもたらした。すなわち、この学生集団の無視できない割合の一部は、建前としてですら知識の追求をめざして大学へ入学許可を求めてはいない。もはや慣行として、「カレッジへ行くこと」、つまり、どこかのそこそこの大学で定められた年限を過ごし、名誉ある解放を証明するカレッジ卒の学位を取得することは、上流階級の必需品となった。結果として学生集団のなかに上流階級出身者が少なからず存在し、大学執行部の考えとして、そのような学生が在籍し、その在籍が確認できることが望ましいことから、大部分の学術的組織は、戦略的な必要性から、そのような学生集団が求める要求に対応するようになってきている。

　このような学生集団、そしてさらに有閑階級出身の学生集団から影響を受ける学生集団全体は、それほど真剣に学業に関心をもつことはなく、自らの意思で知識を求めることを期待することはほとんどできない。このような学生たちは、別の関心事を大学に期待することになる。そこで、大学には、慣習と善意を失うという犠牲を払いつつも、上流社会における立場の毀損、学生数の減少に対する対応が求められる。このために、大学への関心を増大させるものとしてカレッジスポーツが生まれ、大学内部の活動が量的にも大きな位置を占めることになる。また、フラタニティー、クラブ、芸術発表会などの「課外学生活動」として、学業外の営為による洗練された非難の余地のない贅沢が生まれるのである。

　［筆者注釈：1957年Sagamore Press版、pp. 74-75から引用。筆者が日本語訳］

は、各種のいわゆるグローバルランキングで50位から60位の間に位置し、2014年前後では40位台に位置づけられていた著名な研究大学です。このように、学術的成果では傑出している大学において、その教育プログラムの質が問題視されたことは、重大な関心事であり、その経緯について簡単に紹介します。

最初のきっかけは、UNCのフットボールチームをめぐって、学術的不正行為が起きたこと、選手に対して不当な便宜が図られていたことの発覚でした（2010年）。調査を重ねる過程で、その問題が、次第に認識されてきた経緯を辿ることにします。当時、UNCには、アフリカ及びアフリカ系アメリカ研究学科（African and Afro-American Studies, AFAM）という学科がありました。学内的な調査（2011年）に続き、ノースカロライナ州前知事による調査（2012年）が行われ、AFAMにおける学習と教育の実態が明らかになりました。そこでは、担当教員には知らされない成績評価の変更や教員のサインの偽造などが明らかになり、さらに、他学科では考えられない数の「自習クラス（independent study class）」の存在と、そのクラスに運動選手学生の履修登録が目立って多いという事実が明らかになりました。この前知事は、報告書[1]（通称"Martin Report"）の冒頭のまとめの第1項として、「このスキャンダルは、運動部に関わるものではなく、明らかに学術に関わるものであることは悲しむべきだ。（This was not an athletic scandal. Sadly, it was clearly an academic scandal.）」と総括しています。

大学は、独自の独立的な調査を行い、「ワインスティーン・レポート（Wainstein Report）」と呼ばれる報告書[2]（2014年10月）に事実関係をまとめました。この内容は、UNC事件の核心部分で、以下のとおりです。

- AFAM学科における1993年から2011年にわたる何百もの不規則的な授業科目の開設については、同学科の2人の人物（1人の教授と1人の事務責任者）に責任がある。
- この「形だけの授業科目（paper classes）」は、教室への出席や教員が教授することを必要としない点で不規則的である。また、上記事務責任者が科目の開講日程を決め、また採点も行っていた。
- 「形だけの授業科目」は、18年間存在し、その間に大学に在籍した

111

第二部　学術的誠実性

97,600人の学生のうち3,100人に影響を与えた。
- 運動選手学生（athelete-student）は、これらの不規則な授業科目の履修登録者のうち47.6%を占めていた。
- 履修登録をした運動選手学生の多くは、運動選手学生学術支援プログラムの相談員によって、不規則科目を取るように指導されていた。
- その相談員たちは、これらの運動選手学生が大学で競技を続けるためには「形だけの授業科目」と無理に高く評価した成績が最重要であると考えていた。
- 学習助言オフィスに属する学習助言者たちも、運動選手でない学生もこれらの科目をとるように指導したことがある。
- 大学のさまざまな教職員が、危険信号に気づいていたが、疑問を呈することはなかった。また、大学当局は実質的な監督を怠っていた。

これに続いて、学習支援専門家から一部の運動選手学生が、大学への入学資格を得るだけの学力をもっていなかったことの指摘がありました[3]。

この段階で、UNCの適格認定（accreditation）を行う南部大学・学校協会[4]（Southern Association of Colleges and Schools, SACS）は、大学に対して質問状を送り、その回答をもとに、1年間の資格保留処分（probation）（2015年）を与えました。適格認定が停止されると、在籍者は連邦政府からの奨学金等の恩恵を被ることができなくなりますが、この資格保留処分は、その一歩手前の処分と位置づけられているものです。これに対して、大学は新たな基準、手順、規則を策定し、1年間で資格停止の段階を脱することができました。問題の発覚（2010年）から約7年で資格停止段階から脱したわけです。しかしながら、以下の第2節、第3節で議論しますように、学術的誠実性そのものが問題になったこと、全米大学運動協会（National Collegiate Athletic Association, NCAA）の関与が限定的であり現在の制度の限界が明らかになったこと等で、質保証制度や学生スポーツの観点からは、「めでたしめでたし」と言うわけにはいきません。

この事案は、フットボールやバスケットボールの選手たちに便宜を提供するという配慮がなされた事実を越えて、制度的な仕組みとして、そのような教育課程が整備されていたことに匹敵します。かつ、その運営が個人的配慮

ということではなく、責任者が積極的に関与するという形で、あたかも制度として許容されているかのように運営されていたものと理解されます。相談員、学習助言者の行動は、個人的配慮として理解できるでしょうが、大学運営の責任をもつ人びとの行動は、明らかに運動選手学生に対する制度的救済を組織的に実施していたとしか解釈できません。実際に教えられていないクラスが開設されていたり、実際には教員が授業を実施していなかったという事実は、明らかに大学教育としての最低要件に応えていないと言わざるを得ません。このことが、2012年の報告書の責任者[1]をして、「このスキャンダルは、運動部に関わるものではなく、明らかに学術に関わるものであることは悲しむべきだ。」と言わざるを得なくせしめた事情でしょう。

第2節　南部大学・学校協会は何をやっていたのか？

　アメリカ合衆国の大学は、在籍する学生が連邦政府の支援を受けるためには、認められた適格認定団体[4]によって認定されている必要があります。歴史的経緯からUNCは、南部大学・学校協会（以下「SACS」と略します。）の適格認定を受けてきました。2010年以降のUNCにおける状況に対するSACSの対応を概観しましょう。

　SACSの大学部会（Commission on Colleges以下「SACS COC」と略します。）は、大学自身の事態解明（2014年）を受け、上記ワインスティーン・レポート[2]に基づき18項目（表2-7、p. 114）について、大学に対して質疑する書簡を送付し、UNCに対して1年間の資格保留処分を下しました[5]。

　SACS COCは、それが定める基準に則して、UNCの状況を確認する疑問を具体的に述べ、マーティン・レポート[1]（2012年）以降、必ずしも真面目に情報提供してこなかったことを非難しつつ、大学に対して回答を求めました[5]（2014年11月）。これに対して、UNCは、それぞれの項目について、詳細に回答しました（2015年1月）。第一の機関としての誠実性に関しては、UNCがSACSの創設メンバーであることから説き起こして、それまでの対応を正当化しつつも詫び、2012年以降に大学全体として誠実性に関する体制を整備したことを説明しました。その中には、執行部の一新を図り、体制の整

第二部　学術的誠実性

表2-7　UNCの状況を確認するためにSACS-COCが回答を求めた内容
　　　　（2014年11月）

1. 機関としての誠実性（institutional integrity）
2. 教育課程の内容（program content）
3. 組織構造（organizational structure）
4. 人事（personnel appointment）
5. 大学スポーツへの管理（control of intercollegiate atheletics）
6. 学生受け入れの方針（admissions policies）
7. 教育方針（academic policies）
8. 学習支援サービス（academic support services）
9. 教員評価（faculty evaluation）
10. 学術的自由（academic freedom）
11. 管理運営における教員の役割（faculty role in governance）
12. 学生の学業記録（student records）
13. 資格を持つ職員（qualified staff）
14. 方針の遵守（policy compliance）
15. 方針の公表（publication of policies）
16. 学生募集資料（recruitment materials）
17. 第IV号該当機関としての責任（title IV program responsibility）
18. 単位時間（credit hour）

備、管理機能の強化、手順の明確化によって、このような問題が生じないようにすると主張しました。これ以外の項目についても、事情説明と対応状況を報告しました。しかしながら、SACSは、最終的に資格保留処分をUNCに通知することになりました（2015年6月）。

　この資格保留処分に際しては、これらの18項目のうち、1. 誠実性、2. 教育課程の内容、5. 大学スポーツへの管理、8. 学習支援サービス、10. 学術的自由、11. 管理運営における教員の役割、17. 第IV号該当教育機関としての責任の7項目について、基準違反があったことを根拠としています。これらの基準の違反があったことは、以上の概括的な紹介からも明らかでしょう。とくに、AFAMにおける教育課程の実施が、敢えてそう呼ぶならば、乱脈を極めていたこと、その課程の科目に履修登録を勧める学習支援サービスが本質的に存在したことを考慮するならば、2項、5項および8項について、基準違反があったことは否定できないと考えられます。重要と思われる別の側面は、資格保留処分の根拠として、誠実性、学術的自由、管理運営における教員の役割に関する基準違反が根拠とされていることです。すなわち、基本的な前提として、大学組織の運営においては、学術的観点からの誠実性

が、組織としても、教育の実施においても求められるということであり、その観点が否定的判断の重要な根拠となっていることです。教員は、学術の観点から責任をもって教育課程を構築し、実施することが求められ、そのことは、SACS COCの基準3.7.4で「機関が学術的自由を確保し、保護するための適切な手順を定めていること。」、基準3.7.5で「機関が、教員（faculty）が学術と管理運営の両側面において責任と権威があることに関する方針を公表していること。」を求めています[6]。AFAMの運営に関しては、まさにこの点について期待された状態にはなかったわけですから、「これらの基準に違反した。」という判断は妥当であったと思われます。

　ちなみに、日本の認証評価機関が定める大学評価基準には、このような内容の基準は設けられてはいません。その理由は定かではありませんが、21世紀初頭における日本の大学改革においては、学長がリーダーシップをとって、それまで研究者として学問の自由を謳歌してきた大学教員に対して教育担当者として自覚を促すこと、たとえば、採用時における教育能力の重視や教育業績を教育評価の対象とする管理運営的な改善が一つの重要な課題であったことと整合的な考え方に基づき、各機関における大学評価基準を策定したとすれば、それほど奇妙な違いではないでしょう。しかし、そのような方向性が、教育に関する教員の誠実性と責任、そしてそれを担保する組織としての体制という側面への関心を薄れさせている可能性も否定できません。ICAIによる学術的誠実性の定義（p.94）における六つの構成要素の説明の中で、「学術共同体（コミュニティ）」という表現が重要な役割を果たしていたことを想起すべきかもしれません。学術的誠実性は、個人個人の自覚や単なる外形的規範の策定では担保しきれないものであることが示唆されていると考えるべきでしょう。

　UNCは、1年間の資格保留処分ののち、2017年12月に適格認定を再確認され、10年間有効の適格資格を取り戻しました。このために、70項目以上の改革・改善を行わなければならなかったとされています。適格資格を取り戻した際に、キャロル・フォルト学長は、「再適格認定のひとつの重要な側面は、そのことによって、大学が機関のすべての状況とその運営にとって根幹となる領域に踏み込んで、詳細に目を向けることを可能にする構造化された

方法を生みだしたことです。」[7]と述べ、適格認定のための活動によって、敢えて言えば、大学が生まれ変わったと指摘しています。しかし、この再適格認定は、全米大学運動協会（National Collegiate Athletic Association. NCAA）による調査結果の2ヶ月後に決定されたという事情が、当時は話題となりました。NCAAは、アメリカ合衆国における大学スポーツの調整・管理のための大きな力をもつ団体であり、フットボールやバスケットボールの強豪チームをもつUNCにとっては、重要な影響を与える団体でもあります。次節で概要するように、学生スポーツとプロスポーツとの明確な弁別の根拠として、運動選手学生が勉学に専念できる環境を実現することを一つの使命としていることから、この事件で、この団体がどのような役割を果たしたのかを簡単にみておく必要があります。

第3節　全米大学運動協会は何をやっていたのか？

　全米大学運動協会（以下「NCAA」と略します。）は、UNCスキャンダルがはじめて表に出た段階（2010年）で、直接フットボール選手に面接するなどの介入を行っていました。それらの個別的調査の結果、個別の学生について「永久資格停止処分」を与えました。UNCは、このような介入に対応して、フットボールのコーチを解任するなどの措置をとりました。また、NCAAは、大学に対して制裁措置をとりました（2012年3月）。その内容は、2012年のポストシーズンにおける競技参加の禁止、15件の奨学金の取り消し、3年間の報告義務というものでした。ポストシーズン活動を禁止されるということは、ポストシーズンを運営するNCAAからの分配金を受け取ることができないことを意味します。奨学金の取り消しは、ポストシーズン活動からの収益を奨学金として運動選手学生に還元する仕組みの中で、それらの奨学金を得られる学生枠の数が減り、その奨学金の受給を条件として有力な高校生の選手をリクルートすることができなくなること、すなわちチームが弱くなることを意味します。「報告義務」とは、上記SACSの場合と同じ"probation"という用語が使われていますが、実際には指定された事項について、NCAAのルールに従っていることを根拠をもって報告することを

求めていました。もちろん、評判の失墜という社会的制裁は免れなかったのですが、これらの制裁は、それほど厳格なものではなかったと言うべきでしょう。

その原因は、2012年の段階では、NCAAが認定した不正行為は、学習アドバイザーによる3人のフットボール選手のレポート執筆代行のみであったからです。すなわち、前節で述べたSACSのように18項目にわたる詳細な点検は実施しないで、認知した不正事案をもとに制裁の判断を行ったと言わざるを得ません。とくに、特定の学習アドバイザーと特定の選手に問題を限定し、それを監督しきれなかった大学の機関としての運営上の問題については言及しませんでした。これらのことによって、2012年のNCAAの判断は、さまざまな批判を受けることになりました。

しかし、それ以降の調査を経てもなお、NCAAとしては大学の責任を認定することはありませんでした。その結果として、2017年10月になって「ノースカロライナ大学がNCAAの学業に関する規則に違反したと結論することはできない。」[8]と述べて、いっさいの制裁を加えることをしないと宣言しました。問題のAFAMは、運動選手学生を利するためのみで設置されているわけではなく、どんな学生でも所属することができるので、その学科の運営についてはNCAAは関心を持たず、大学の責任と考えるべきであるとまで言っています。要するに、NCAAは、少なくともUNCの組織としての教育活動について、ほとんど判断しなかったと言ってよいでしょう。

運動選手学生は、一般的に、スポーツ選手としての能力向上に対して多くの時間と努力を割く必要があるために、学術的な学習活動に費す時間を十分に確保できないことが予想されます。しかし、大学が学術の場であることを考えるならば、機関の本来の学術的な目的とは完全には一致しない組織（競技クラブ）を機関の内部に置いていると言っても過言ではありません。このような事態が一般的であるとするならば、大学スポーツをプロスポーツと区別する重要な根拠を失うことになります。

アメリカ合衆国では、20世紀の初頭（1906年）にカレッジ間体育協会（Intercollegiate Athletic Association）を、そしてそれを発展させて1910年には、全国カレッジ体育協会（National Collegiate Athletic Association,

第二部　学術的誠実性

NCAA）を設立し、現在では、会員校は1,200を超え、45万人以上の学生スポーツ選手に対する支援と規制を行い、大学コミュニティの自主的な規律を確立してきたと言われています[9]。一方では、大学スポーツの興業をほぼ独占的に管理して、バスケットボールからの収益を中心として1,000億円規模の巨大な財源を確保し、さまざまな就学支援を行うとともに、その規律の維持のための活動を行っています。それにもかかわらず、さまざまな報道に見られる事件・状況は残っています。しかし、それらの発覚に際しては、機関単位から個人ごとに至る、「死の宣告」とも言われる大学としての出場・参加禁止処分を始めとするさまざまな制裁措置が規定され、関係者個人に対する軽微な措置は、頻繁に実施されています。なお、NCAAに関しては、第一部第4章（p.78）でも言及されています。

　これらの仕組みはすべて、大学スポーツを大学の学術的目的に沿って実施するためのものであり、日本もそのような組織が必要であるという声もあり、一般社団法人大学スポーツ協会（UNIVAS）が、2019年に発足します[10]（図2-3）。その定款では、目的を「この法人は、大学スポーツ（大学の教育、研究又は社会貢献の一環として行われる学生の競技スポーツ若しくはこれに類するものとして理事会で決定したスポーツをいう。）を総合的に振興し、学生の誰もが学業を充実させながら安全に競技スポーツを実践するための基盤的環境を整備するとともに、地域に根ざす大学スポーツの多様な価値を高め、我が国の力強い発展と卓越性を追求する人材の輩出に寄与することを目的とする。」と定めています。その上で、学生が「学業を充実させる」ために、学業基準を設け、一定の単位修得なしには競技に参加することが禁止されるという案が検討されています。しかし、UNCの例を考慮するならば、そのような基準が機能するためには、学術的側面から大学の教育の質が担保されている必要があります。しかし、NCAAがUNCの学術レベルでは関与できなかったように、日本のUNIVASにとっても不可能であると言ってよいでしょう。

　現在の日本において、UNIVASはまだ実質的活動の段階には至っていません。したがって、井上ら[11]が指摘する状況、すなわち、学生連盟組織がそれぞれの種目ごとの協会等に分散して所属し連携がないこと、大学内にお

第2章　大学スポーツ：ノースカロライナ大学チャペルヒル校事件

図2-3　大学スポーツ協会（UNIVAS）の役割と主な事業

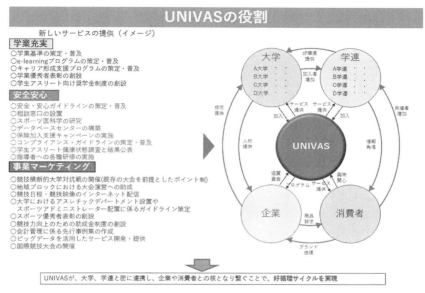

いても、学生支援を担う事務組織が課外活動として管理するだけであり、種目ごとに学生の自治によって運営される場合が多く、とくに経済的活動に関しては大学がほとんど関与していないこと、指導者の資格が不明確であるだけでなく、その雇用形態について全く統一性がないこと、「学生選手」であることの資格、条件についても種目を越えた了解がないことが常態であることは事実として認識せざるを得ません。

《注》
（1）　Martin, J.G.（2012）The University of North Carolina at Chapel Hill Academic Anomalies Review Report of Findings. https://carolinacommitment.unc.edu/files/2013/01/UNC-Governor-Martin-Final-Report-and-Addendum-1.pdf
（2）　Wainstein, K.L. et al.（2014）Investigation of Irregular Classes in the Department of African and Afro-American Studies at the University of North Carolina at Chapel Hill. https://carolinacommitment.unc.edu/files/ 2014 / 10 /UNC-FINAL-REPORT.pdf
（3）　たとえば、Ganim, S.（2014）Charges dropped in University of North Carolina 'paper classes' case（updated July 3, 2014）https://edition.cnn.com/2014/07/03/us/

第二部　学術的誠実性

university-of- north-carolina-paper-classes-case/
（４）　アメリカ合衆国では、地域ごと（全国六地域）にアクレディテーション団体があり、担当州が決まっている。独立行政法人大学評価・学位授与機構編著『大学評価文化の展開―高等教育の評価と質保証』大学評価・学位授与機構大学評価シリーズ、ぎょうせい、2007年、pp. 97- 107
（５）　この書簡は、大学の回答 "RESPONSE TO THE SOUTHERN ASSOCIATION OF COLLEGES AND SCHOOLS COMMISSION ON COLLEGE（SACSCOC）LETTER OF NOVEMBER 13, 2014 Submitted January 12, 2015" に複製されている。https://oira.unc.edu/files/ 2017 / 07 / UNC-Chapel-Hill-Report-to-SACSCOC-Redacted-for-Public-Release.pdf
（６）　Southern Association of Colleges and Schools Commission on Colleges, Accrediting Standards. http://www.sacscoc.org/principles.asp
（７）　Stancill, J.（2016）UNC removed from probation by accrediting agency. The News & Observer（June 16, 2016, Updated June 17, 2016）http://www.newsobserver.com:80/news/local/education/article84158937.html
（８）　NCAA（2017）UNIVERSITY OF NORTH CAROLINA AT CHAPEL HILL PUBLIC INFRACTIONS DECISION OCTOBER 13, 2017. http://www.ncaa.org/sites/default/files/Oct2017_University-of-North-Carolina-at-Chapel-Hill_InfractionsDecision_20171013.pdf
（９）　大学の使命と大学スポーツとの関係を概念的に解明したものとしては、ビジネス倫理の専門家による、French, P.A.（2004）Ethics and College Sports: Ethics, Sports, and the University, Rowman & Littlefield Publishers, Inc.を参照のこと。また、日本における大学スポーツの改革に向けた取組としては、大学スポーツコンソーシアムＫＡＮＳＡＩ編（2018）『大学スポーツの新展開：日本版NCAAの創設と関西からの挑戦』晃洋書房。また、UNCの案件についてもおそらく予想されたNCAAの限界については、Gurney, G. et al.（2017）Unwinding Madness: What Went Wrong with College Sports ─ and How to Fix it, The Brookings Institution Press 宮田由紀夫訳（2018）『アメリカの大学スポーツ：腐敗の構図と改革への道』高等教育シリーズ、玉川大学出版部
（10）　一般社団法人大学スポーツ協会（UNIVAS）設立概要　http://www.mext.go.jp/sports/b_menu/sports/univas/index.htm
（11）　井上功一、入口豊、大久保悟（2010）日本の大学競技スポーツ組織に関する一考察、大阪教育大学紀要（第Ⅳ部門）、第59巻第1号、pp. 1 -12

第3章

研究という大学の使命と誠実性

　Louis Pasteur（1822-1895）は、フランスの生物学者でしたが、ワクチンによる予防接種の開発、低温殺菌（パスチュライゼーション）、微生物学などの応用的研究でも知られています。これらの応用は、フランス農業の維持発展にとって不可欠の貢献でしたが、そのような国家目的に呼応する応用と同時に、19世紀の大学における科学研究のあり方についても思索を展開していました。狂犬病ワクチンの販売益、政府補助金などをもとにして、民間研究機関としてパスツール研究所が創設（1887年）され、1888年11月14日に大統領を招いて創立式典が開催されました。パスツール自身は、その式典で「科学には国境はないが、科学者には祖国がある」という趣旨の内容を含む講演[1]を行いました（コラム2-5にその一部を引用、p. 122）。

　大学には、教育だけでなく研究を行う使命があります。大学の研究機能は、社会において研究を担う中で独自の位置を占めています。すなわち、大学院生の教育を通じた研究人材の養成だけでなく、社会の求める研究成果を産出することが求められています。この場合の「社会」は、「国」、「産業」、その他のさまざまな「コミュニティ」、さらに諸「個人」などを総称したものです。これらの関係機関、関係者は、互いに異なる目的・方針を有することが多いため、大学の研究は、社会におけるこれらの諸勢力との間に複雑な関係をもたざるを得ません。したがって、学術的な観点からの廉直を根拠とした規矩を立てているだけでは、実際の研究活動に対して方向づけをすることは不可能になります。このような問題を明確に認識し、学術コミュニティとしての方針の一端を、日本学術会議が『軍事的安全保障研究に関する声明』という形で明らかにしました（2017年）。第1節では、この声明の背景、経緯について整理します。

　前章では、運動選手の活躍、スポーツチームの評価という要素が、アメリカ合衆国における大学の仕組みの中で、大学の評判を上げる機能をもつことが原因となって、大学の「本来の」使命である教育、人材養成という観点

第二部　学術的誠実性

> **コラム2-5**
>
> **パスツール研究所の創設式典（1888年11月14日）でのLouis Pasteur の講演の一部抜粋**
>
> 　科学には祖国がないといえども、科学者は祖国を持っています。彼の業績が世界中に及ぶとしましても、その成果を持ち帰るべきはこの祖国に対してです。
>
> 　大統領閣下、お許しいただけるならば、この研究室に貴殿が臨席されることによって私の中に生まれた哲学的省察でこの講演を終わらせていただきたく存じます。私は、今日、二つの対立する原則が鬩ぎ合っていると申し上げたい。一方は、血と死の原則です。この原則は、新しい戦争の手段に毎日思いをはせ、国民に対して常に戦場に赴く覚悟を求めます。他方の原則は、人間を悩ます災厄から人間を解放することのみを考える平和と、研究と、救済の原則です。前者は暴力による征服のみを追求し、後者は、人間性を安堵させることのみを追求し、人間の生をすべての勝利より大事なものと考えます。前者は、1人の人の野望のために何千、何万の人びとを犠牲にしようとするものです。後者の消毒法は、何千人もの兵士を救います。どちらの原則が、他方に優越するというのでしょうか。神のみぞ知ることです。しかし、フランスの科学は、人間性の原則に従って、生命のフロンティアを切り開くことになるということは断言できます。
>
> ［筆者が日本語訳］

からみた誠実性が毀損されている事例を紹介しました。大学の使命として一般に広く認識されているもう一つは、学術研究という営為です。学術研究とは何かという問題を議論することは本章の課題ではありませんので、ここでは、学術研究活動はさまざまな意味で新たな知識を生み出す営為であると、広く理解して検討を進めます。「さまざまな意味」の範囲についても、可能なかぎり広くとり、普遍的、一般的な真理から個別事象の発見、個別問題のその場の解決まですべてを含むことにします。ただし、いわゆる「夢想」「思いつき」というような事実に裏づけられることがない、あるいは事実によって当否を確かめることができない内容の事柄は、ここでは新たな知識には含めないことにします。もちろん、ある人が新たな知識であるとすること

について、別の人が「それはもう知られた知識である。」とか「その内容は自分の知見に基づけば事実によって反証される。」という可能性があることは排除しません。つまり、何が新たな知識であるか、あるいは、当該の内容が知識であるということについては、常に議論の余地がある状態であり得ると考えたいと思います。

　そのような広い意味の学術研究においては、研究を行う研究者（この場合には教員を含めて大学に雇用された研究者）にとっても、その場を提供し、研究活動を可能とする環境を提供している組織（この場合には大学）が学術的に誠実であることが求められることは自明です。ここでは敢えて、第1章第4節（p. 94）で参照したICAIが定義する学術的誠実性の六つの要素に則して確認しておきたいと思います。ICAIの定義は、教育だけでなく、研究活動についても妥当することが意図されています。まず、「正直」であることが重要であることは、言うまでもありません。研究という脈絡においては、透明性に対する要求であると考えることができます。すなわち、どのような目的で、どのような方法によって、何を明らかにするかという点について、隠蔽することがあってはならないという理解です。「信頼」という要素は、研究活動においては個人の努力だけでは、事実の発見、確認、考えた内容の点検などを完結することができないことから、当然学術的なコミュニティにおいて、信頼に基づいて相互に情報を共有し、真摯な検証が行われるべきであることを考慮すれば、これも当然の要求であると考えることができます。その前提として、関係者相互が「尊敬」し合うことが必要であることも当然です。さらに、相互の尊敬を基礎として信頼が形成され、必要な情報が透明に共有された上で、必要な期待を明確に述べる何らかの基準・実践指針を定め、それに則して行動するという意味での「公正」性が求められていることも事実です。これらの期待を実現することは学術的なコミュニティとして当然のことですが、そのようなコミュニティに所属し、研究活動を行う諸個人が、個人としてその「責任」を果たし、その責任を果たす「勇気」をもつだけでなく、学術的なコミュニティ自身が、各個人の責任と勇気を支援するとともに、自らコミュニティとして責任と勇気をもって行動することが求められていることは言うまでもありません。ここで「学術的な共同体（コ

ミュニティ）」とは、学会のような研究者集団だけではなく、大学という形式的にも社会的な人格として確立した組織も含んでいます。

第1節　軍事研究

　近年の日本において、このような学術的なコミュニティにおける動向の中で学術的誠実性という観点から特筆すべき事象は、いわゆる大学における「軍事研究」をめぐる学術会議および各大学の対応です。この状況の発端は、防衛省の外局である防衛装備庁が、基礎研究に対する助成、研究成果の公開を原則とする、デュアルユース技術の研究で民生技術への波及効果を趣旨とする「安全保障技術研究推進制度」[2]を創設し、2015年度には約3億円、2016年度には約6億円、さらに2017年度には急増させて110億円の予算を立てたことにあります（図2-4、p. 125）。これまでは、防衛予算による研究は、大学がその予算を受け入れて実施するという枠組みはなかったために、大学が「軍事研究」の一端を担うことになるのではないかという認識が広まり、日本の学術コミュニティの重要な話題となりました。この背景には、第二次世界大戦までの日本の科学技術の研究開発の体制が、帝国大学の研究機能を組み込んだものになっていたこと、そしてその体制が、いわゆる昭和15年（1940年）体制として知られる枠組みに発展し、敗戦を迎えた結果、日本の学術コミュニティにおいては「軍事研究」への関与に対して強い反省をもち、かつ将来に対して危惧を抱いていた事情があると考えられます。日本学術会議は、日本学術会議法において「科学が文化国家の基礎であるという確信に立つて、科学者の総意の下に、わが国の平和的復興、人類社会の福祉に貢献し、世界の学界と提携して学術の進歩に寄与することを使命」として設立するという前文をもち、第2条に「日本学術会議は、わが国の科学者の内外に対する代表機関として、科学の向上発達を図り、行政、産業及び国民生活に科学を反映浸透させることを目的とする。」とあることから、日本の科学者、研究者の意見をとりまとめる立場にあるため[3]、この状況に対して、特別な検討体制を設けて対応することになりました。その結果として、2016年度末（2017年3月）に声明（表2-8、p. 126）が発表され

図2-4　安全保障技術研究推進制度の概要

本制度の概要

　我が国の高い技術力は、防衛力の基盤であり、我が国を取り巻く安全保障環境が一層厳しさを増す中、安全保障に関わる技術の優位性を維持・向上していくことは、将来にわたって、国民の命と平和な暮らしを守るために不可欠です。とりわけ、近年の技術革新の急速な進展は、防衛技術と民生技術のボーダレス化をもたらしており、防衛技術にも応用可能な先進的な民生技術、いわゆるデュアル・ユース技術を積極的に活用することが重要となっています。
　安全保障技術研究推進制度（競争的資金制度※）は、こうした状況を踏まえ、防衛分野での将来における研究開発に資することを期待し、先進的な民生技術についての基礎研究を公募するものです。

※資金配分主体が、広く研究開発課題等を募り、提案された課題の中から、専門家を含む複数の者による科学的・技術的な観点を中心とした評価に基づいて実施すべき課題を採択し、研究者等に配分する研究開発資金。

本制度の運営においては、
- 受託者による研究成果の公表を制限することはありません。
- 特定秘密を始めとする秘密を受託者に提供することはありません。
- 研究成果を特定秘密を始めとする秘密に指定することはありません。
- プログラムオフィサーが研究内容に介入することはありません。

ました[4]。
　この声明の方向性は、「軍事的安全保障研究では、研究の期間内及び期間後に、研究の方向性や秘密性の保持をめぐって、政府による研究者の活動への介入が強まる懸念がある。」という文言からも読み取れるように、この制度に対する懸念を表明する否定的なものであると一般に理解された結果、2017年度実施として採択されていた課題についても辞退が出るなどの影響をもつことになりました。このような経緯を踏まえて、この声明の内容を問題にするのではなく、このような行動を学術会議がとったことの意義について検討します。

第二部　学術的誠実性

表 2 - 8　日本学術会議「軍事的安全保障研究に関する声明」[平成29年（2017年）3月24日]

> 　日本学術会議が1949年に創設され、1950年に「戦争を目的とする科学の研究は絶対にこれを行わない」旨の声明を、また1967年には同じ文言を含む「軍事目的のための科学研究を行わない声明」を発した背景には、科学者コミュニティの戦争協力への反省と、再び同様の事態が生じることへの懸念があった。近年、再び学術と軍事が接近しつつある中、われわれは、大学等の研究機関における軍事的安全保障研究、すなわち、軍事的な手段による国家の安全保障にかかわる研究が、学問の自由及び学術の健全な発展と緊張関係にあることをここに確認し、上記2つの声明を継承する。
> 　科学者コミュニティが追求すべきは、何よりも学術の健全な発展であり、それを通じて社会からの負託に応えることである。学術研究がとりわけ政治権力によって制約されたり動員されたりすることがあるという歴史的な経験をふまえて、研究の自主性・自律性、そして特に研究成果の公開性が担保されなければならない。しかるに、軍事的安全保障研究では、研究の期間内及び期間後に、研究の方向性や秘密性の保持をめぐって、政府による研究者の活動への介入が強まる懸念がある。
> 　防衛装備庁の「安全保障技術研究推進制度」（2015年度発足）では、将来の装備開発につなげるという明確な目的に沿って公募・審査が行われ、外部の専門家でなく同庁内部の職員が研究中の進捗管理を行うなど、政府による研究への介入が著しく、問題が多い。学術の健全な発展という見地から、むしろ必要なのは、科学者の研究の自主性・自律性、研究成果の公開性が尊重される民生分野の研究資金の一層の充実である。
> 　研究成果は、時に科学者の意図を離れて軍事目的に転用され、攻撃的な目的のためにも使用されうるため、まずは研究の入り口で研究資金の出所等に関する慎重な判断が求められる。大学等の各研究機関は、施設・情報・知的財産等の管理責任を有し、国内外に開かれた自由な研究・教育環境を維持する責任を負うことから、軍事的安全保障研究と見なされる可能性のある研究について、その適切性を目的、方法、応用の妥当性の観点から技術的・倫理的に審査する制度を設けるべきである。学協会等において、それぞれの学術分野の性格に応じて、ガイドライン等を設定することも求められる。
> 　研究の適切性をめぐっては、学術的な蓄積にもとづいて、科学者コミュニティにおいて一定の共通認識が形成される必要があり、個々の科学者はもとより、各研究機関、各分野の学協会、そして科学者コミュニティが社会と共に真摯な議論を続けて行かなければならない。科学者を代表する機関としての日本学術会議は、そうした議論に資する視点と知見を提供すべく、今後も率先して検討を進めて行く。

　この声明とその効果については、ある意味では決定的なものでした。日本の学術コミュニティの構成員に対して、具体的に求めていることは、次のとおりです。

- 軍事的安全保障研究と見なされる可能性のある研究について、その適切性を目的、方法、応用の妥当性の観点から技術的・倫理的に審査する制度を設けること。
- 学協会等において、それぞれの学術分野の性格に応じて、ガイドライン等を設定すること。

　しかし、「研究の入り口で研究資金の出所等に関する慎重な判断が求めら

れる。」という趣旨を述べることによって、その惧れのある安全保障技術研究推進制度によって研究資金を獲得することに対する強い抑制を求めたことになります。この点は、ICAIが定義する六つの要素（p. 94）のうち、どれに相当するものでしょうか。少なくとも、審査制度の設立および分野ごとのガイドラインの策定は、公正を求めるという要素の一部であると考えることができます。それに対して、研究資金の出所に関する慎重な判断は誠実性を求めることから、おそらく、これらの審査制度の運用、ガイドラインの内容に含まれるべきことであったとしても、必ずしも自動的に帰結することではないように思われます。

　他方で、安全保障技術研究推進制度は、次のように謳っています[2]。
・受託者による研究成果の公表を制限することはありません。
・特定秘密を始めとする秘密を受託者に提供することはありません。
・研究成果を特定秘密を始めとする秘密に指定することはありません。
・プログラムオフィサーが研究内容に介入することはありません。

したがって、軍事機密研究と分類されるべきものであるとは、直ちには判断することが困難であり、大学、学会の対応に任されているという性格をもつものと思われます。学術会議の声明を学術的誠実性の観点から分析すると、学術的誠実性を構成する「公正」という要素の重要性を指摘するものであり、具体的内容は、個別の判断に委ねられていると理解することができます。この意味では、この声明は、巨大な研究資金を必要とする研究に対する資金助成を「大学の外」に求める必要がでてきた20世紀後半のいわゆる「ビッグサイエンス」の登場に対して、学術的なコミュニティおよびその主要な部分を占める高等教育機関の対応において、公正性が強く求められていることを示していると考えられます。

　たとえば、宇宙開発があります。かつては未踏の空間であった宇宙空間が人間の生活に影響をもつものとなることが理解されるようになると、そこへ到達するための技術、その空間を利用するための技術が必要となってきました。当時は、この空間自体についての知識が不十分であり、かつそのような過酷な環境に到達し、活用するための技術は従来の規模を超えた規模、強度を要求され、そのためには多様かつ膨大な新しい知識を生み出すことが必要

でした。このための膨大な費用が、技術を利用する側、たとえば国家あるいは企業にとっては投下する価値があるものと判断され、知識を生み出す担い手を、大学と大学が雇用する教員である研究者に求めることになりました。他方で大学は、技術とその基礎となる学術的知識を生み出し、研究に優れた大学となることは、それによって「評判」を獲得することができるようになるために、双方にとって利益となり得ました。

　そのような費用投下の正当化は、とくに20世紀後半において「冷戦」および冷戦下における経済成長によって、自然に行われるようになりました。とくに、アメリカ合衆国のいくつかのいわゆる研究大学は、その過程で大きな変貌を遂げたと思われます。たとえば、マサチューセッツ工科大学（MIT）やスタンフォード大学が、20世紀末に傑出した評判を得ていることは誰の目にも明らかです。このような状況は、個別の研究者よりも大学を極めて緊張した文脈に置くことになりました。すなわち、大学における学術的研究が、人類に対して普遍的に寄与する学術的知識を生み出すことを目的とするものであるならば、これらの研究大学において行われている研究活動を支える資金の提供元が、個別の民間企業、個別の国家という限定された集団の利益・威信を追究するものであり、そのために研究成果が利用されるということは、学術的研究の本来の目的と相克するものであると言わざるを得ないでしょう。この点については、国のような公共的な存在の資金であろうが、企業のような民間の利益追求を目的とする存在であろうが、学術的誠実性の観点からは同様です。このことから、そのような資金を受け入れる可能性のある大学では、いずれの場合も、外部機関との契約内容の点検と研究の実施に責任をもつ体制となっており、その体制が、大学という機関の成果に相応しい学術的誠実性の確保を可能とするように設計されていることが肝要です。この軍事目的研究に関する日本学術会議の声明は、このような脈絡において理解することが重要であり、単なる軍事研究に反対する声明として単純に理解することは、学術的誠実性の意味を誤解させることになります。

　これ以外にも、大学が学術的誠実性を試される局面は数多く存在しています。以上で述べた政府による研究資金助成と大学の自律的な判断との緊張関係に関わるものだけでなく、たとえば、行政機関と大学との連携によって、

前者の職員の研修を大学が実施することや、大学における教育をより実際的なものにするために、企業や行政機関の職員を大学教員として雇用するような場合に、研修を受ける職員や取り決めに基づいて一時的であれ教育の実施者となる職員について、学術的な妥当性、すなわち教員の資格条件として、期待している水準に達しているかの基準の適用を「免れ」ている可能性があり得ます。この状況では、大学の学術的誠実性が脅かされている可能性があり、大学としては何らかの対応・説明が必要です。大学機関別認証評価においても、いわゆる実務経験をもつ教員の資格については、注意を払っているところです。

第2節　研究不正

　研究活動における学術的誠実性は言うまでなく、大学という組織に対してだけでなく、個人に対しても求められるものです。日本において、学術的誠実性の問題が注目されるようになった理由は、公的資金なしでは学術的研究がほとんど不可能になっている21世紀初頭においては、その社会的信頼がなによりも重要になったことにあります。この信頼を損なう代表的な個人の行為が一般に「研究不正（research misconduct）」と呼ばれ、「捏造・改竄・剽窃（fabrication, falsification, plagiarism）」と三分類されることが多い不適切な行動です。とくに、2010年代のわが国では、公的資金が大学を含む研究実施機関に導入されていることから、そのような資金の執行に関する規律が、誠実性の問題の一部として扱われる傾向にあります。この問題については、すでに多くの議論が行われています。以下は、その議論の動向を概観するにとどめます[5]。

　これらの「研究不正」とされる行動は、必ずしも法律的な処罰の対象ではありません。学術的誠実性の観点から非難すべきとしても、ICAI定義（p. 94）の六つの要素のどれに抵触するかについて明らかではありません。たとえば、剽窃行為は、すでに公表された研究成果をあたかも自分の研究成果とし発表する行為ですが、そのような行為が著作権を侵害しているという歴然たる事実はあるものの、すでに一定の基準で真理として認められた

129

ことを繰り返し述べることは、学術的には、取り立てて問題にはならないでしょう。典拠を明示して引用や参照することによって自説を強化するという議論の方法は、一般的に許容されています。法律的にも、剽窃された側からの提起がなければ、わが国では司法的な手続きの対象にはなりません。学術論文の場合には、出版者に著作権が移っていることが多く、かつ、著者としても先に発表できていれば剽窃されてもとくに経済的損失は生じないので、実際にも訴訟が起こりにくい仕組みになっています。

　しかしながら、剽窃は学術の世界において問題になっています。それは、学術における約束事を守っていない、すなわち、公正性を欠いており、かつ、他の研究者に対する尊敬・尊重を欠いているという理由によるものであると考えられます。（広い意味で）同僚に敬意を払い、公平無私であるというルールに従うことが求められることから、他人の研究成果を自分のものとして発表する剽窃が、学術の世界における非難の対象となると考えられるわけです。もちろん、この学術の世界における約束事とは、誰が最初にその結果を発表したかを重視する研究者コミュニティにおける規範であるにすぎず、剽窃することによって研究者コミュニティから追放されたとしても、そのことのみによって一般社会の法律で処罰されるとは限らない状況になっています。

　捏造や改竄についても事情は同様です。研究活動における捏造とは、たとえば、実験をしていないので実際にはデータが存在しないにもかかわらず、「でっちあげた」データを提示し、それを分析し、結論に至ったとして、論文を発表するような場合にデータを「作る」ことです。もちろん、全く実験をしていないと同僚にもすぐわかりますので、実験はしますが実際には測定できていない「都合のよい」値に「作り変える」ことは、改竄として分類されています。もちろん、実験の技量が劣っているために生じた測定結果と都合よく「作り変えられた」値との区別がつかない場合もあり得ます。その場合に問題になるのは、実験能力ではなく、データを「作って」いるか否かであるということになります。捏造は、実験を含む分野だけでなく、たとえば、考古学資料や歴史的資料をでっちあげて「新発見」を装うことも捏造行為とされています。資料や実験結果を作ることがない場合も、実際には公刊

されていない文献を「引用」したり、統計資料を参照したりすることによって、研究成果の説得力を補強することも含まれます。これらの行為に対する非難の共通することは、欺瞞を根拠とすることですが、欺瞞、つまり嘘をついて騙すことは、別に学術的誠実性を問題にすることなく「悪い」ことであり、非難に能（あた）いすることです。場合によっては、詐欺というような犯罪として、告発され、処罰されることもあります。

　研究の成果を論文等の研究成果物として発表することが、学術研究活動は人類の幸福に貢献すべきであるという観点から極めて重要です。しかし、この局面においても、不正行為の存在が指摘されています。そのもっとも典型的なものは剽窃行為ですが、それ以外にもピアレビューによる、いわゆる査読制度の陥穽（かんせい）を突くさまざまな不正行為が行われるようになっています。これらに対しては、もっとも有力なものとしては、出版倫理委員会（Committeeon Publication Ethics, COPE）が、最初はイギリスで学術雑誌の編集委員を務める研究者を中心に1997年に設立されて以来、関心をもつ関係者を糾合して、さまざまな活動を行っています。その活動の中心は「ジャーナル編集者行動綱領（Code of Conduct for Journal Editors）」の普及です[6]。ここでいう「ジャーナル編集者」とは、上述したピアレビューに従事し、かつ、それらを管理運営する人びとのことです。この綱領では、表2-9（p. 132）に示す内容が求められています。このようなCOPEの活動に応じて、各分野、各国でさまざまな活動が行なわれるようになっており、わが国では、日本医学雑誌編集者会議[7]（Japanese Association of Medical Journal Editors, JAMJE）が、日本医学会分科会が発行する機関誌の編集者により構成される組織として発足しています（2008年）。

　このような研究不正が学術的誠実性の観点から問題となるのは、このような欺瞞が、研究者コミュニティの社会的信頼を損なうものであり、研究者コミュニティの自律に対する社会的支持を失わせる可能性をもつからです。これら不正行為に対する規制は、コミュニティの構成員が遵守すべき「綱領（codes）」の形をとり、綱領に定められた遵守事項への違反はコミュニティからの追放という形をとることになります。多くの研究が大学において実施されていることから、学術的誠実性の問題は、大学における問題とならざる

131

第二部　学術的誠実性

表2-9　ジャーナル編集者行動綱領（2011年改訂）

1.	ジャーナル編集者の一般的な義務と責任
2.	研究助成の形態の告知
3.	著者との健全な関係
4.	ピアレビュー担当者との健全な関係
5.	編集委員会における意思統一の必要性
6.	ジャーナルの所有者や出版者との健全な関係
7.	ピアレビュー手順の公正性の確保
8.	質の保証の必要性
9.	個人情報の保護
10.	成果が発表される研究の倫理性の確認
11.	研究不正への適切な対応
12.	学術的記録における誠実性の担保
13.	知的財産権の保護
14.	出版後の論評の推進
15.	不服申立てへの対応
16.	商業上の配慮
17.	利益相反への対応措置の明確化

を得ません。わが国においても、2012年に大学病院に所属する医療関係研究者の200編近い論文が、捏造されたデータを利用していることが関係学会の調査で明らかになったり、2014年には学術的に指導的立場にある教授が主宰する研究室から発表された数十編の論文について改竄が見られることが、論文に含まれる画像データの第三者のよる解析によって明らかになるなどの事件があり、法的な訴追はなされなかったものの、関与者は解雇などの処分を受けています。これらの処分について、身分保全などを目的とする告訴が結果として生じることもあります。この状況は、研究者コミュニティや大学コミュニティが、それぞれのコミュニティにおける規範としての学術的誠実性を損なった構成員を自律的な判断によって、排除ないし更生したことであると理解できますが、現状は、そのような自律では不十分との判断から、政府による介入も始まっています。

　政府（文部科学省）は、『研究活動における不正行為への対応等に関するガイドライン』[8]（以下「ガイドライン」と略します。）を2015年度から適用することとして、その中で「科学研究の実施は社会からの信頼と負託の上に成り立っており、もし、こうした信頼や負託が薄れたり失われたりすれば、科学研究そのものがよって立つ基盤が崩れることになることを研究に携わる

者は皆自覚しなければならない。」と述べて関連コミュニティの自覚を促しつつ、「本ガイドラインに沿って、研究機関においては、研究活動の不正行為に対応する適切な仕組みを整えること、また、配分機関においては、競争的資金等の公募要領や委託契約書等に本ガイドラインの内容を反映させること等により、研究活動における不正行為への対応等について実効ある取組が一層推進されること。」を強く求めています。具体的には、「研究活動における特定不正行為への対応」としては、告発等を受けて調査を行い、研究不正が認定された時には、「被認定者に対し、内部規程に基づき適切な処置をとるとともに、特定不正行為と認定された論文等の取下げを勧告するもの。」とし、さらに、「告発が悪意に基づくものと認定された場合、告発者の所属する機関は、当該者に対し、内部規程に基づき適切な処置を行う。」としています。この書き振りは、大学コミュニティの自律（すなわち、内部規程に基づく適切な処置）を期待することを前提とするもので、行政機関が研究者コミュニティの自律に直接に介入する段階には至っていないと考えられますが、政府の関与が始まっていることも事実として認識しておくべきです。

　注意すべき点は、これらの不正に関与した研究者は、学術的な名誉の追求や研究費助成を受けたことからくるプレッシャーなどの理由を述べており、経済的得失の観点とは直接的には無縁のものが多いことです。したがって、学術的誠実性の問題を強調することによって、いわゆる研究不正への動機が弱まるとする十分な根拠は、まだ存在していません。さりとて、研究という「ゲームのルール」として研究の公正性があると考え、ゲームのルールは守るべきであると述べることによっては、この問題は本質的に解決せず、むしろ外形的な判断が可能な局面について社会的、法的な制約を加えるべき段階に至っている可能性もあります。

　大学院生に対する「研究倫理教育」による解決が指摘されることが多く、実際、大学改革支援・学位授与機構が実施する大学機関別認証評価の評価結果報告書にも、2015年度以降、日本学術振興会が編集・刊行した『科学の健全な発展のために―誠実な科学者の心得―』[9]をテキストとする授業を大学院共通科目として開設したり、このテキストをもとに作成されたeラーニング教材による学習を義務づけている事例が数多く報告されるようになってい

第二部　学術的誠実性

ます（図2-5）。また、一般財団法人公正研究推進協会（APRIN）[10]が運営するオンライン教材の利用も保健系の大学院を中心に報告されています。ただし、研究倫理教育が、この問題を解決する万能薬ではないことには注意しておく必要があります。すなわち、研究不正の報告は、大学院生よりも名声が確立した研究者、教員について行われることの方が多いからです。もちろん、防止策として、あらかじめ教育するという考え方はあるにしても、すべての大学院生が研究者になるわけではないので、その効果は限定的と考えざるを得ません。

図2-5　研究倫理eラーニングプログラム

《注》
（1）　Inauguration de l'Institut Pasteur le 14 novembre 1888 en présence de M. le Président de la République : compte rendu"
（2）　安全保障技術研究推進制度　防衛装備庁サイト　http://www.mod.go.jp/atla/funding.html
（3）　日本学術会議法　http://www.scj.go.jp/ja/scj/kisoku/01.pdf
（4）　日本学術会議（2017）軍事的安全保障研究に関する声明　http://www.scj.go.jp/ja/info/kohyo/pdf/kohyo-23-s243.pdf
（5）　この点については、大学改革支援・学位授与機構編（2017）『グローバル人材教育とその質保証─高等教育機関の課題』ぎょうせい、pp. 150-153を参照
（6）　COPEの掲げる原則については、https://publicationethics.orgを参照のこと。とくに、"Guidelines for managing the relationships between society-owned journals,

their society, and publishers"としてまとめられている部分は出版者の立場だけでなく、研究者、研究組織の立場からも重要な観点を含んでいる。https://publicationethics.org/files/Managing_Relationships_Between_Society-Owned_Journals_Their_Society_And_Publishers.pdf

（7） 日本医学編集者会議　http://jams.med.or.jp/jamje/index.html
（8） 研究活動における不正行為への対応等に関するガイドライン（平成26年8月26日文部科学大臣決定）http://www.mext.go.jp/b_menu/houdou/26/08/icsFiles/afieldfile/2014/08/26/1351568_02_1.pdf
（9） 科学の健全な発展のために―誠実な科学者の心得―　https://www.jsps.go.jp/j-kousei/rinri.html
（10） APRIN eラーニングプログラム（eAPRIN）https://edu.aprin.or.jp

第二部　学術的誠実性

第4章
まとめ：大学における学術的誠実性を脅かすもの

　この部では、オーストラリアのMyMaster事件とアメリカ合衆国のノースカロライナ大学チャペルヒル校事件を検討することによって、大学において、どのような形で学術的誠実性の問題が顕在化するかを明らかにしました。前者については、学習成果を測定する成績評価を行い、教育課程の修了の要件を充足するという学生個人の学習活動において、学術的に誠実であることの意味を、外注型不正をめぐる諸方面の対応を通じて、いくつかの要素に分解して検討しました。後者については、大学としての誠実性が問われ、高等教育質保証機関から制裁措置を受けた大学について、その経緯を検討する過程で、大学機関としての学術的誠実性の意味と役割を検討しました。大学の社会的使命としては、教育以外に学術研究がありますので、その領域についても、個人ごとの学術的誠実性と機関としての学術的誠実性の問題が存在することが予想されます。すなわち、表2-10に示すような個人か、組織かという軸と、教育か研究かという軸からなる分類が可能となります。

表2-10　誠実性の分野と不誠実事例

誠実性を求める対象	学習・教育	研究
個　　人	成績評価の際の「不正行為」（カンニング、外注型不正） （不適切な成績評価）	捏造・改竄・剽窃 査読（ピアレビュー）の妨害 倫理違反
大学機関・組織	スポーツ選手を救済する学科運営 不当な設置申請 ディグリー・ミル（第三部第1章で言及）	学術以外の目的のための研究活動 成果の誇大宣伝

　高等教育の質保証という観点から、教育・学習の場面における学術的誠実性の問題が重要であることを繰り返して指摘します。個人における誠実性が、教育・学習の分野で求められていますが、その誠実性が実現できていない時には、しばしば成績評価の過程における不正行為という形で問題が顕在化します。この点については、第1章で詳説したとおりです。オーストラリ

第4章 まとめ：大学における学術的誠実性を脅かすもの

アやイギリスにおける外注型不正を現代の典型的な不誠実性として指摘した上で、日本におけるやや伝統的ともいえる不正行為の扱い方について整理しました。しかし、わが国の場合には、高等教育の質保証活動の中では、この問題が十分には分析の対象となっていないことを指摘しました[1]。

これからの大学における教育の質保証については、これらの行為が、実効的に抑制されていることの確認が必要であると思われます。たとえば、隣りの人の答案を「写す」、友人のレポートを「写す」、公表資料（図書、ブログ）の一部を「写す」ということであれば、剽窃的であるという意味で不正行為です。あるいは、自分の学習成果が検査されている時に、自分の能力によるものではない成果物を提示することも、詐欺的な行為にほかなりません。高等教育（における成績評価）という文脈においては、これらの行為が単に詐欺的、欺瞞的であるから非難されているのではなく、学習成果の測定という大学の目的に則り、その検査が客観的かつ厳格に行われなければなりません。そうでなければ、大学の社会的位置づけが損なわれるという意味で、学術的誠実性を脅かすがゆえに非難されるのです。不正行為の存在、あるいはその存在を容認することは、大学がその社会的責任を果たしていないことに等しいことになります（コラム2-6）。この必要性の認識を、実際の認証評価活動に反映することは今後の課題であると言わざるを得ません。

コラム2-6

不正行為の存在、あるいは**その存在を容認する**ことは、大学がその**社会的責任を果たしていない**ことになる。

日本の大学と認証評価制度の状況について付言しておきます。大学を一般社会とは別個の部分社会とみなして、その構成員について教職員と学生という明白な二分法があります。後者は、その身分を失うことについて、さらに別の二分法、すなわち、成功裡に卒業・修了するかという非常に大きな区別を認めた上で、この部分社会に参入しているはずです。このことを決定づける立場の相違は、「試験」によると一般的に理解されています。すなわち、学生が卒業できるためには、一定の成果をあげることが求められ、成果をあ

第二部　学術的誠実性

げたか否かは、試験によって判定されます。したがって、その成果の判定は、客観的かつ厳格に行われるものでなければなりません。高等教育における学習という学術的活動の成果の判定に求められる規範は、学術的な誠実性を保証するものでなければなりません。非難されるだけではなく、そのような行為が認識された場合には、当事者は大学という「部分社会」のルールによって処罰されます。この処罰の「厳しさ」については、議論の余地がありますが、その程度は、学術的誠実性の確保という大学の自律的判断によってなされるべきでしょう。

　このような考え方は、ある程度までは、すでに大学の質保証において、一般的に共有されていると思われます。大学改革支援・学位授与機構が行う機関別認証評価においても、教育課程の編成・実施に関する基準を判断する際の観点の一つとして、成績評価における客観性・厳格性を担保するための組織的措置が講じられているかを点検することとしています。しかし、不正行為発生抑制の点検は含まれていません。現在の運用においては、学生の利益の保護を考慮して、教員による評価を大学が機関として、どのように管理しているかについて、機関としての成績分布による事後的点検やセーフティ・ネットとしての成績異議申立ての扱いなどについて確認しています。その前提として、成績評価の実施が公正なものであること、すなわち学術的誠実性が実現しているべきであることはいうまでもありません。これらをどのようにして、大学評価の場面で実効的に確認し、社会に対して説明していくかということは今後の認証評価における重要な課題の一つとなっています。

《注》
（1）　日本における高等教育及び高等教育機関がもつある意味での特権性は、それが「学校」であるということ、学校のなかでも「高等」な機関であるということによって二重に保護されてきたということができるかもしれない。しかし、他方で、近年、社会において責任をもつ人格としての高等教育機関の位置づけを考えるならば、そのような「特権性」は質保証の過程で吟味されるべきものであるともいえる。そのような位置づけの背景については、大学改革支援・学位授与機構編『グローバル人材教育とその質保証:高等教育機関の課題』ぎょうせい、2017年、pp. 159-162を参照してください。

第三部

高等教育の流動性が抱える課題

第三部　高等教育の流動性が抱える課題

　高等教育には、多様性とともに「流動性」が求められています。流動性については、国境を越える流動性と、教育セクター間の流動性という二つの視点から考える必要があります。いずれの場合にも、当該学生がそれまでに獲得した学習成果を、適切かつ公平に評価し、その質を保証しなければなりません。すでに、前書（独立行政法人大学改革支援・学位授与機構編著『グローバル人材教育とその質保証―高等教育機関の課題』大学改革支援・学位授与機構高等教育質保証シリーズ、ぎょうせい、2017年 pp. 17-20）で言及しましたように、学生を迎え入れる機関が必要とする情報は、「どのような知識・技能・能力を、今までの教育・学習で修得しているか」です。学生が修得した知識、技能や能力の証明が、授与される学位あるいは職業資格です。したがって、授与された学位や職業資格は、修得している知識、技能や能力を正確かつ明確に反映していなければ意味がありませんし、社会的信用を得ていなければなりません。

　ところが、社会的信用を損なう事態が発生しています。それが、第1章で議論する「ディグリー・ミル」と「アクレディテーション・ミル」です。このように呼ばれる機関は、一言でいえば、それぞれ似非大学あるいは似非質保証機関です。すなわち、大学（あるいは質保証機関）としてのしかるべき活動をしていないにもかかわらず、ほとんどの場合一定の金銭的対価を支払った人（あるいは組織）に対して学位（あるいは機関認証）を授与しています。

　異なる教育セクター間の移動や、国内外の機関間の学生移動に際して、他分野からは学位名や資格名だけからは、学生が身につけた学力や能力が理解しにくい場合が多々あります。この対応として、第2章で着目する「資格」と「資格枠組」が重要です。資格とは、学校教育、職業訓練、高等教育、生涯教育などにより獲得した技術、能力、知識の証明です。資格枠組は、生涯をつうじて、国を越えて、また国内において、学習者や就業者の学習・訓練および移動に有用な情報を提供するツールです。

第1章
ディグリー・ミル、アクレディテーション・ミル

　私たちの日常生活は、信用や権威による裏づけにより、個別に判断を必要とせずに、楽に過ごせるようになっているといえます。具体例として、近所のコンビニに買い物に行く時や、病院に診察を受けに行く場合を考えてみます。コンビニだと、大手チェーンのコンビニなので大丈夫とか、病院だと、医療法人〇〇会の保険診療可能なホームページもきちんとした病院なので大丈夫だ、と判断するでしょう。もし、それが似たような違うロゴのコンビニで、実は粗悪品が販売されていたとか、医療法人〇〇会とは無縁で、ホームページだけ立派な病院で、十分な説明も受けずに高額な診療代を取られた、などがあると困った事態となります。ここでは、高等教育の質保証の分野で起きている信頼を揺るがす出来事として、信用や権威の偽装や不正についての話をします。

　有名人の学歴詐称とか経歴詐称について、テレビのニュースなどで目にすることがあるかもしれません。これは、虚偽の経歴を公表するという点で、シンプルで発覚しやすい嘘であるといえるでしょう。また、造語ではありますが、「学歴ロンダリング」[1]という言葉も耳にするようになりました。これは、卒業した大学の学部よりも有名とされる大学院に進学し、それのみを学歴として公表し、卒業した学部の出身大学については、あえて公表しないことをさすようです。語源としては、マネーロンダリング（資金洗浄）から派生した言葉であると考えられます。学歴詐称と比べると、刑法理論上の「不作為の作為」に類したもので、情報を出さずに相手が勘違いすることを暗に利用し、積極的に嘘をついていない点では、巧妙であるといえるでしょう。すなわち、相手がお釣りを多く支払ったのに気づいていながらもらってしまう、という釣り銭詐欺のようなものであるといえます。

第三部　高等教育の流動性が抱える課題

第1節　ディグリー・ミル

　ディグリー・ミル（degree mill）、あるいはディプロマ・ミル（diploma mill）という言葉を聞いたことはあるでしょうか。以前、本書の前シリーズである大学評価シリーズ[2]においても触れましたが、適切な教育活動や審査を伴わずに社会的に通用しない偽の学位などの証書を発行する団体のことをさします。「mill」とは「工場」の意味ですので、日本語に訳すと、学位製造工場とでもいうべきものでしょう。なお、ディグリー・ミルあるいはディプロマ・ミルは同義で使われますので、以下ではディグリー・ミルの用語に統一して説明します。

　「こんなニセモノを一体誰が利用するのか」と思うかもしれませんが、具体的に想像してもらうと、これが厄介であることがわかります。たとえば、あまり馴染みのない海外の○○Universityで「Ph. D.（博士の学位）を取得した。」と言われた場合に、それがディグリー・ミルによるものであるとすぐに判断できるでしょうか。海外には非常に多くの大学がありますから、それが信頼できる大学であるかどうかについて、即座に判断はできないと思いますし、多くの人もそう感じるでしょう。そのようなこともあり、日本でもそのような経歴を標榜する有名人や学者がいることが、2000年頃から学位商法[3]に基づくものとしてマスコミ等を通じて話題になり、社会的に認識されることとなりました。文部科学省でも、2003年にディグリー・ミルについて「贋物の証明書や学位を与える、信頼に値しない教育ないしそれに類する事業の提供者」としてアメリカ合衆国の評価機関の傘団体Council for Higher Education Accreditation（CHEA）における議論を紹介しつつ警鐘を鳴らしています[4]。

　ディグリー・ミルの問題点は、偽の学位として意図的に他者を騙すために用いるということもありますが、学位を取得する側から見ると、ディグリー・ミルと知らないまま、通用しない偽の学位を購入させられてしまうという問題もあります。そして、このような学位が氾濫してしまうと、きちんとした学位と、簡単に取得できるディグリー・ミルによる学位が区別され

第1章　ディグリー・ミル、アクレディテーション・ミル

ず、結果として学位全体の信用が下がるという問題が生じることになるでしょう。

このようなディグリー・ミルによる学位を持った教員が、大学に採用されて新たに学位を出すことになると、被害の連鎖が拡大して生じることになるといえます。そのようなことが起こらないように、文部科学省では、大学や学部研究科等を新設するときには、ディグリー・ミルにより学位を取得した教員を採用しないよう、学位の真正性の確認に留意するように大学に指導しています[5]。この中で、「教員のうち，外国の大学等の学歴を有している者がいる場合は，各国政府機関等のHPや大使館への確認等の手段により当該大学等が当該国の正規の大学であることを確認してください。」とし、ユネスコや各国政府において信頼できると認定された高等教育機関についての確認のためのウェブサイトのリストを示しています。例として、ユネスコの後援を受けている国際的な大学の連合団体であるInternational Association of Universities（IAU）が作成しているデータベース[6]（Worldwide Database of Higher Education Institutions, Systems and Credentials）を紹介します（図3-1、p. 144）。このデータベースでは、全世界の信頼できる高等教育機関を国別、分野別等で検索できるようになっています。

第2節　アクレディテーション・ミル

上記のように、ディグリー・ミルによる大学の問題に加えて、そのような大学が自らの権威を偽るため、アクレディテーション（Accreditation）を受けているようなふりをする例として、アクレディテーション・ミルというものも存在します。アクレディテーションとは、日本における認証評価に近いもので、大学として認められるかどうかを判断する適格認定としての制度です。近年では、とくに情報通信技術の発展により、オンラインで学位を取得できる大学が増えましたので、それに混じって、きちんとした教育の実態がないにもかかわらず、立派なホームページとともに、それらしいアクレディテーション団体の認定が謳われている場合、その団体をアクレディテーション・ミルと見抜くのは困難といえるでしょう。

143

第三部　高等教育の流動性が抱える課題

図3-1　IAUが作成している高等教育機関の検索データベース[6]

　このような事態に対応するために、CHEAのトップページ[7]では、ディグリー・ミルとアクレディテーション・ミルについて、注意を喚起する文書やビデオにより周知されています。「『学位が$499で買える！授業・課題・試験なし！博士号や修士号が1週間で取得できます！』などという広告を見たことがありませんか」、というように、ディグリー・ミルについて説明し、それらは、しばしばきちんとしたアクレディテーションを受けていると主張していること（実際には存在しない機関だったりしますが）、を周知しているビデオの抜粋を紹介します（図3-2）。
　ディグリー・ミルに騙されないようにするため、CHEAでは、以下のいく

第1章　ディグリー・ミル、アクレディテーション・ミル

図3-2　CHEAのウェブサイトにあるディグリー・ミルに騙されないように注意喚起を行うビデオからのキャプチャ画像[7]

つかの点に当てはまる場合、ディグリー・ミルの可能性が高いとするチェックリストを示しています（表3-1）。

表3-1　ディグリー・ミルの機関を見抜くためのチェックリスト（CHEAのウェブサイト[7]より翻訳して引用）

- 買うことができる学位か？
- 確たるステータスがないアクレディテーションを受けている主張をしていないか？
- 疑わしいアクレディテーションを受けている主張をしていないか？
- 手続きにおいて、州または連邦政府の認可や根拠が欠落したものではないか？
- オンラインあるいは実際の教室でも、ほとんど出席が必要とされないことはないか？
- 単位を取るために、ほとんど課題が要求されないことはないか？
- 学位を取得するまでの期間がとても短いということはないか？
- 経歴や履歴書のチェックだけで学位が取得できることはないか？
- 卒業するためにほとんど要求されることがないことはないか？
- 機関は、キャンパスや事務所の場所や住所についての情報提供をしてないことはないだろうか？（たとえば、私書箱のみなど）
- 機関は、教員のリストや彼らの資質についてのリストを提供していないことはないだろうか？
- 機関は有名な大学と似たような名前ではないか？
- 機関は、出版物にて証拠のない誇大広告をしていないか？

145

第三部　高等教育の流動性が抱える課題

　ここまでアメリカ合衆国を例にとりましたが、欧州高等教育アクレディテーション協会（European Consortium for Accreditation in Higher Education）のレポートでも2011年に、イギリスに拠点を置く履歴調査サービス会社Verifile Limited and Accredibase™の調査[8]で、2010年1月から2011年1月までの1年間に、欧州のディグリー・ミルおよびアクレディテーション・ミルの発生件数が31％増加、454件から593件にまで上ったことを引用しつつ、警鐘を鳴らしています。

　中東の教育メディアAl-Fanarでは、ディグリー・ミルに対するまとまった調査を行い、その結果を2015年に報じています[9]。この記事の中では、いくつかの具体的なディグリー・ミル、アクレディテーション・ミルの事例を挙げ、注意喚起を行っています。大学自体は中東のものではなく、アメリカ合衆国のオンライン大学が事例として挙げられています。

　このように、ディグリー・ミル、アクレディテーション・ミルは世界的な広がりを見せており、注意が必要です。政府や評価機関などが、これらに対する社会的な認識を高めるため、周知を図っていく必要があるでしょう。大学改革支援・学位授与機構では、本問題に限らず、海外主要国・地域の高等教育質保証の最新動向を、「高等教育質保証の海外動向発信サイト：QA UPDATES-International」[10]で提供しています。

　以上、ディグリー・ミル、アクレディテーション・ミルを題材に、学位とその認証団体に関する誠実性の欠如や不正について解説してきました。ここで、より幅広く高等教育における教育研究活動等の不正について考えてみましょう。ディグリー・ミル、アクレディテーション・ミルに対して十分注意を払い、学位とそれを出す機関がしっかりとしていたとしても、学位審査の要件となる論文が信頼のできない出版社が発行したものであったり、論文自体は権威ある論文誌であっても、データ自体が捏造によるものであったら、それにより得た学位は、途端に信頼できないものとなってしまうでしょう。

第3節　ハゲタカジャーナル（ジャーナル・ミル）

　ハゲタカジャーナル（Predatory Journals）という言葉を聞いたことがあ

るでしょうか。

　Predatorとは、もともとは、「捕食者」という意味をもつ言葉で、Predatoryと形容詞化すると「捕食性の、略奪する」という意味をもちます。日本語では、「著者を欺いて搾取する」という点で、補食鳥を意味する「ハゲタカジャーナル」[11]が用いられることが多いのですが、日本語としてよりわかりやすく意訳すると「インチキな」というような意味となるでしょう。ハゲタカジャーナルの出版社を「ハゲタカ出版社」とよびます。この出版社は、インターネット環境が整備され学術雑誌のオープンアクセス化が進む中で、以前と比べ論文を印刷する必要はなくなり、体裁を整えて公表するための費用が安くなったにもかかわらず、高額な論文掲載料（Article Processing Charge, APC）を請求するものです。これらは、偽のインパクトファクターを提供したり、著名なジャーナルと酷似したサイトを掲げたりもします。何が大きな問題になるかというと、これらは、査読による審査を経ずに、お金さえ払えば一見きちんとした論文のようにした体裁で掲載されるという点です。積極的にそのような出版社を利用する研究者がいたり、逆に、それとは知らずに投稿して騙されてしまうということがあるからです。実際に、筆者のところにも、聞いたことのないジャーナルから、国際会議発表の発表履歴のデータをもとに、「オープンアクセスジャーナル◯◯Journal of Psychologyに投稿しませんか？」という勧誘のメールが月に1回くらい来ます。近年では、ハゲタカジャーナルが掲載料を通常のジャーナルより下げている傾向も見られるようで、見抜くことが更に難しくなっています。

　ハゲタカジャーナルの用語は、コロラド大学デンバー校の准教授で図書館員のジェフリー・ビール（Jeffrey Beall）が、自らの個人のブログで2011年からハゲタカ出版社（Predatory Publishers）、ハゲタカジャーナルなどをリストアップして公開して用いたことから始まっています。これは、ビールズ・リスト（Beall's List）として知られていましたが、ブログに掲載を始めた頃の2011年ではリストされたハゲタカ出版社の数は18件でしたが、年々増え続け、2016年の年末には923件となっています[12]。このようなリストがあれば、悪徳出版社やジャーナルに騙されたりすることがなく、また、悪意を持って利用する人たちに対処することができるという点で、研究者の間で歓

迎され有名となりました。しかし、出版社側から損害賠償の訴訟を受けるなどの経緯を経て、2017年1月に一旦閉鎖、再び有料化して公開[13]などの紆余曲折を経て、現在では閉鎖されています。2017年1月時点での情報をアーカイブしたものが匿名で公開されています[14]。このようなハゲタカジャーナルの存在については、いくつかの研究がなされており、生物医学分野の多くのジャーナルを調べて得られた特徴的な傾向も示されていますので、参考となりそうです（表3-2）。

表3-2　ハゲタカジャーナルの可能性があるジャーナルに特徴的な点（生物医学分野）（Shamseer et al.[15]より翻訳して引用）

1.	扱う研究の範囲が、生物医学分野だけではなく、関係のないものが含まれている。
2.	ウェブサイトにスペルミスや、文法的な間違いがある。
3.	ウェブサイトのイメージが歪んだりあいまいになっており、他のサイトや、許可されていないような他のものに見えるようになっている。
4.	ホームページの言語が著者を対象とした言語となっている。
5.	雑誌の引用数の指標として、Index Copernicus Valueが宣伝されている。
6.	原稿の取り扱いをどのようにするかの記載がない。
7.	原稿を電子メールで提出するようになっている。
8.	早く出版されることが約束されている。
9.	取り下げに関しての規定がない。
10.	ジャーナルのコンテンツがどのように電子化されて保存されるかの情報がない。
11.	掲載料（APC）が非常に安い（例、150\$以下）。
12.	著作権を出版社が保持している、あるいは著作権に関する規定がないにもかかわらずオープンアクセスと称している。
13.	連絡先の電子メールアドレスのドメイン名が、商用やジャーナルのものではない（例、@gmail.com, @yahoo.comなど）

以上のように、アクレディテーション・ミル、ディグリー・ミルに続いて、ハゲタカ出版社による「ジャーナル・ミル」とでもよべる状況が起こっていることを解説しました。

第4節　研究者自身の誠実性

偽装、インチキの中でも、最も直接的に研究者自身が行うものとして、不正行為について考えてみます。研究不正行為は、研究の質を保証する一番最初の段階で行われる行為ですので、厳しい対処が必要とされます。なお、研究不正行為については、第二部第3章第2節（p.129）も参照ください。数

年前に起きたSTAP細胞騒動をきっかけとして社会問題化したことを持ち出すまでもなく、ここ数年注目も高く、政府も対策を講じているところです。

不正の形はさまざまですが、文部科学省が決定した「研究活動における不正行為への対応等に関するガイドライン」[16]では、研究者としてわきまえるべき基本的な注意義務を著しく怠ったことによる行為を、特定不正行為として、とくに注意をするよう通達しています（コラム3-1）。

コラム3-1

「研究活動における不正行為への対応等に関するガイドライン」[16]が示す**特定不正行為**

捏　造：存在しないデータ、研究結果等を作成すること。

改ざん：研究資料・機器・過程を変更する操作を行い、データ、研究活動によって得られた結果等を真正でないものに加工すること。

盗　用：他の研究者のアイディア、分析・解析方法、データ、研究結果、論文又は用語を、当該研究者の了解もしくは適切な表示なく流用すること。

このように、研究を行う個人のレベル、成果を投稿するジャーナルのレベル、学位を発行する機関のレベル、機関の質を保証する機関のレベルという幅広い段階で、さまざまな不正や偽装に注意しなければいけない時代となりました。この事態をもたらしたのは何なのでしょうか。

一つは、情報通信技術の発達により、情報の加工や共有が容易に低コストでできるようになったことが考えられます。いわゆる盗用におけるコピペとは、インターネットを通じて情報を検索した上で、その結果を自分のもののように見せるものです。捏造、改ざんも、デジタルデータとして図や写真等が容易に加工できるようになったことと無縁ではないでしょう。ハゲタカジャーナルはオンライン・ジャーナルが普及し、出版費用が安価になったことから商売として成立するようになりました。また、ディグリー・ミルも、実際には教育の実体がない大学をオンラインで存在するように見せかけることができるようになったことによるものと言えます。全てがオンラインで行

え、現実世界において足を運んだり、顔を合わせてコミュニケーションをする機会が減ってきていることも原因の一つとして考えられるでしょう。他者と関わる機会が少なくなる中で、メリットとしてスピードをもって、さまざまな処理ができるようになった一方、デメリットとして個人が不正に手を出してその結果を手にすることも早く、労力も罪悪感も少なく、手軽にできるようになってしまったと言えるでしょう。

　上記と関連している点もありますが、もう一つの要因として、競争の激化もあるでしょう。とくに、成果主義の中、任期付きのポストの増加や論文数によるポスト争いにおいて、身分や生活を保証するために不正に手を出してしまう危険性があることは、以前から指摘されています[17]。すなわち、研究成果も出ずにこのまま無職になるのだったら、イチかバチか架空データのグラフを書いて捏造データによる論文を投稿したり、任期更新のために論文数が必要なため、どこのジャーナルにも通らなかった論文をハゲタカジャーナルに投稿したくなることは、倫理的な観点を抜きにして、単に短期的な効用の見地からみると理解できない訳ではありません。しかしながら、長期的に見て、その代償は大きいわけですから、この判断が決して合理的な選択とは言えないことは当然です。

　このような不正が蔓延しないように、研究者倫理の向上のための教育が、研究倫理教育として推進されています[16]。そこでは、二重投稿の禁止、実験ノートの取り方のような、知識として身につけるものもありますが、「不正や偽装を行わない。」という、基本的な倫理観の確立が根本的な点として求められています。しかし、それらは高等教育だけではなく、初等中等教育においても培われているべき内容と言えるでしょう。たとえば、学習指導要領「生きる力」の「道徳」の小学校の第1学年および第2学年の内容においては、自分自身に関することとして、基本的な善悪について理解を促す教育を求める記載[18]があります（表3-3）。

　このように、初等中等教育からの倫理観に関する教育、道徳教育の重要性が、高等教育機関における出来事によって示されたという、ある意味皮肉な現状が起きているとも言えるでしょう。

表3-3　小学校学習指導要領「生きる力」[18]における第1学年および第2学年において行う道徳教育の内容（抜粋、太字は筆者が加筆）

```
1．主として自分自身に関すること。
（1）健康や安全に気を付け，物や金銭を大切にし，身の回りを整え，わがままをしないで，規則正しい生活をする。
（2）自分がやらなければならない勉強や仕事は，しっかりと行う。
（3）よいことと悪いことの区別をし，よいと思うことを進んで行う。
（4）うそをついたりごまかしをしたりしないで，素直に伸び伸びと生活する。
```

《注》

（1）赤田達也『「学歴ロンダリング」実践マニュアル―最短で憧れの学歴を手に入れる方法』オクムラ書店、2009年

（2）川口昭彦著、独立行政法人大学評価・学位授与機構編集『大学評価文化の定着―大学が知の創造・継承基地となるために』大学評価・学位授与機構大学評価シリーズ、ぎょうせい、2009年、pp. 88-90

（3）小島茂『学位商法―ディプロマミルによる教育汚染』九天社、2007年

（4）「ディプロマ（ディグリー）・ミル」問題について、国際的な大学の質保証に関する調査研究協力者会議（第3回）配布資料、2003年11月28日　http://www.mext.go.jp/b_menu/shingi/chousa/koutou/024/siryou/04010803/006.htm

（5）大学の設置等に係る提出書類の作成の手引（平成30年度改訂版）p. 2、pp. 166-167　http://www.mext.go.jp/a_menu/koutou/ninka/1401075.htm

（6）World Higher Education Database. International Association of Universities' Worldwide Database of Higher Education Institutions, Systems and Credentials. http://whed.net/home.php

（7）Council for Higher Education Accreditation（CHEA）ウェブサイト http://www.chea.org

（8）Cohen, E.B. and Winch, R.（2011）Diploma and Accreditation Mills: New Trends in Credential Abuse. http://www.esrcheck.com/file/Verifile-Accredibase_Diploma-Mills.pdf

（9）Plackett, B.（2015）A Web of "Diploma Mills" Preys on Arab And Western Students Alike. AL-FANAR News & Opinion About Higher Education. https://www.al-fanarmedia.org/2015/02/web-diploma-mills-preys-arab-western-students-alike/

（10）高等教育質保証の海外動向発信サイト　QA UPDATES　https://qaupdates.niad.ac.jp

（11）栗山正光（2015）「ハゲタカオープンアクセス出版社への警戒」情報管理　58（2）92-99

（12）Carey K.（2016）A Peek Inside the Strange World of Fake Academia. New York

Times, Dec. 29 https://www.nytimes.com/2016/12/29/upshot/fake-academe-looking-much-like-the-real-thing.html
（13） Silver, A.（2017）Pay-to-view blacklist of predatory journals set to launch, Nature, 31 May https://doi.org/doi:10.1038/nature.2017.22090
（14） Beall's list of predatory journals and publishers. https://beallslist.weebly.com/contact.html
（15） Shamseer, L. et al（2017）Potential predatory and legitimate biomedical journals: can you tell the difference? A cross-sectional comparison, BMC Medicine, 15:28 https://doi.org/doi:10.1186/s12916-017-0785-9
（16） 文部科学大臣決定『研究活動における不正行為への対応等に関するガイドライン』平成26年8月26日、http://www.mext.go.jp/b_menu/houdou/26/08/icsFiles/afieldfile/2014/08/26/1351568_02_1.pdf
（17） 科学技術・学術審議会　研究活動の不正行為に関する特別委員会『研究活動の不正行為への対応のガイドラインについて―研究活動の不正行為に関する特別委員会報告書―』平成18年8月8日　http://www.mext.go.jp/b_menu/shingi/gijyutu/gijyutu12/houkoku/icsFiles/afieldfile/2013/05/07/1213547_001.pdf
（18） 学習指導要領「生きる力」　小学校学習指導要領　第3章道徳　http://www.mext.go.jp/a_menu/shotou/new-cs/youryou/syo/dou.htm

第2章

"Qualifications"とインテグリティ
―国家資格枠組に期待される役割―

　日本の高等教育を取り巻く環境は、新しい局面を迎えています。ひとつに、人生100年時代（第一部第1章第2節図1-1、p. 7）といわれる少子高齢化社会において、何歳になっても学び直し（リカレント教育）ができる「学び続ける社会」を見据えた教育環境の整備が求められています。このためには、これまでの職業経験・訓練をどのように評価し、それを高等教育の学習価値にどのように置き換え、そこで取得した学位や称号の質をいかに担保するかなど、いくつかの課題があげられます。しかし、わが国の高等教育には、学士・修士・博士などの学位に関して、その保有者に求められる学習成果およびその水準について、社会が共有できる枠組は存在しておらず、何を根拠に当該学位の価値を説明すべきかが明確ではありません。いわば、出口管理不在の問題があります。中等後教育で得られる学位・称号の構造、名称や内容が多様化しています。たとえば、2019年春に誕生した専門職大学や専門職短期大学と、既存の専門職大学院や専修学校専門課程等で得られる学位や称号［修士（専門職）、学士（専門職）、短期大学士（専門職）、専門士、高度専門士など］の内容や違いあるいは相互関係性などが、社会に十分に理解されているとは言いがたい状況です。この課題解決のために、欧米諸国では、国家資格枠組（National Qualifications Framework, NQF）の制度が運用されています。

　急速に高度化する知識社会においては、人材のモビリティ（流動性）が重要なテーマであり、この視点からも国家資格枠組は不可欠です[1]。人材のモビリティを促進するためには、個人がそれまでに習得した学位や職業資格等は、国内外を問わず、正当に評価されなければなりません。さらに、グローバル化に対する国際戦略の観点からは、海外留学生の受け入れや自国学生の送り出し、あるいは特定の職業分野における海外人材の受け入れなど、国境

を越えたモビリティの活性化が肝要です。個人が有する多様な学位や称号、証書、職業資格などの"qualifications"（資格）を、どのように説明・判断するかという問題は避けられません。すなわち、各資格の内容や資格間の相対的な違いや相互関係性等が第三者（社会）には分かりにくいなど、資格の価値説明や質保証に関わる「資格のインテグリティ」問題への対処が急務となっています。

第1節 "Qualifications"とは何か？

　学位、称号、証書、免許、資格などを総称する用語は、欧州では"qualifications"、アメリカ合衆国では"credentials"、フランスでは"certifications"と、国や地域により異なります。本章では「資格」を総称する用語として使用します。資格の定義について、経済協力開発機構（OECD）は、「個人が所定の水準の知識、スキルおよび/または幅広いコンピテンス[2]を習得したことを、管轄機関が認めた際に得られるもの」と説明しています[3]。欧州連合理事会（Council of the European Union）は、「個人が所定の水準の学習成果を習得したことを、管轄機関が認めた際に得られる評価や認証プロセスの公式な成果」とし、これを後に説明する欧州資格枠組（EQF）の「資格」の定義と位置づけています[4]。ここで注目すべきは、資格は「所定の水準（a given standard）の学習成果」を満たすという前提に立ち「社会のコンセンサスの中で共有される」という点です。

　グローバル化や知識社会が進展している現在、学位や職業資格などの「資格のインフレーション」に伴う混乱や、各資格に対する社会の共通理解の欠如の問題は、海外においても数多く取り上げられています[5-7]。また、教育訓練と労働市場が求めるコンピテンシーのミスマッチ問題もあり、国際的な政策議論において、資格内容の透明化と教育訓練—職業間の連続性が強く求められています[3,8,9]。この問題に対処するため、欧州を中心とした各国政府は、「資格」を政策ツールとし、学位・資格などの整理や教育訓練制度の改革を進めています。欧州議会・理事会は、その施策の一つとして、各職業資格や学位などに求めるコンピテンシーとそのレベルを付した欧州資格枠組

（European Qualifications Framework, EQF）[4]を策定しました（2008年）。この時、欧州各国の異なる資格の同等性や比較可能性を高めるための翻訳装置として、各国で策定されている国家資格枠組（National Qualifications Framework, NQF）をEQFに対応させることが提言されました[10]。

今や、世界の150を超える国々で、NQFの導入あるいは検討が進められていますが、わが国はNQFを有しておらず、職業能力評価制度など雇用政策の観点から各国のNQFをめぐる政策動向や枠組を紹介するとともに、日本版NQF策定の是非を問う研究が行われている段階です[11,12]。

第2節　学習成果を高めるための国家資格枠組

国家資格枠組（NQF）は、従来から別々に制度づけられ運営されてきた多様な教育訓練セクター間の関係を明らかにし、各セクターで獲得されるあらゆる職業資格や学位、免状、証書などの資格について、学習成果（知識、スキル、コンピテンシーなど）を明確にすることで、自国内そして国際的に資格の内容に対する理解を深めるためのツールです。NQFの導入目的は、国レベルの学習成果の策定や、教育訓練と労働市場との接続、入学や編入などの学習者のセクター間のモビリティ、リカレント教育（継続教育や生涯教育）の推進等であり、国や地域によっては職業教育訓練セクターの地位向上などが掲げられています[6,13]（コラム3-2、p.156）。また、職業能力評価や高等教育を含む教育訓練の質を保証するメカニズムとなることも期待されますが、何よりも国内で複雑化・拡大化する資格を国の制度として整理し、半ばブラックボックス化している学位、資格、証明書、ディプロマなどの価値を判断するにあたって、これまでの曖昧さを軽減することを第一義的な目的としています[14]。各資格保有者に獲得が期待されるコンピテンシーを明確化することで、資格への信頼性、客観性につながることが期待できます。

世界規模で拡大するNQFは、当該国の教育訓練制度や雇用体制を含め社会構造や政治的関心が反映されるため、網羅する教育訓練セクターの範囲（一般教育、高等教育、職業教育訓練、生涯教育など）や、資格枠組のレベル数、アウトカム指標（ディスクリプタ）の内容や種類が非常に多様です。

> **コラム3-2**
>
> 国家資格枠組（NQF）の目的
> ・学位・資格制度の整理・可視化
> ・学習成果に基づく資格の透明性の向上
> ・学習成果の策定や水準に関する雇用者の関与
> ・教育訓練と労働市場との関係性の強化
> ・学習者のセクター間の移動、入学、編入の支援
> ・リカレント教育（生涯教育、継続教育）の促進
> ・質の向上をめざした質保証システムの一環
> ・職業教育訓練の地位の向上

たとえば、枠組のレベル数については、EQFが8レベルで構成されているのに対し、アイルランドやスコットランドは12レベル、オーストラリアやマレーシアは10レベル、インドネシアは9レベル、香港は7レベル、フランスが5レベルなど、多様になっています。また、NQFが扱う資格のタイプも、一般教育などを含まない職業志向型枠組や、あらゆる資格を包括する総合型枠組などさまざまです。NQFの管理や運用を進める主幹機関についても、政府、質保証機関、非営利団体、産業界など国によって異なります。

第3節　欧米諸国の事例

資格枠組の策定によって、どのようなメリットが期待できるのでしょうか。この答えを探るために、本節では、フランス・ドイツ・アメリカ合衆国の3ヶ国の事例を取り上げ、NQF導入の背景や期待される役割、活用方法、課題などを解説します。

フランスの国家資格枠組（RNCP）

フランスでは、欧州のEQF制度が発足する以前から、独自の国家資格枠組の原型となるものが策定されました（1969年）。当初の枠組は、専門職や職業人の資格やコンピテンシーを正規教育システムの水準に照らし合わせることを目的として導入され、主に雇用者が給与水準を定めることに活用され

ていました[15]。2002年には、全国の各学位・免状・職業資格に求めるコンピテンシーや水準が雇用可能性と関連する形で一元的に整理されたフランスNQFにあたる「全国職業資格総覧（Répertoire National des Certifications Professionnelles, RNCP）」が創られました（表3-4）。学位・資格内容をわかりやすく説明することで、フランス国内の雇用支援や生涯学習を含む人材流動を促進する目的が根底にありました。そのためには、資格の信頼度を高める必要があり、RNCPに登録された資格は国に承認され、逆に登録されていないものは公的な資格として認知されないことが法的に規定されました（教育法典R335-12条）。高等教育の学位・免状も、フランスでは、雇用可能性と結びつく一種の職業資格として認識されていますが[15]、この背後には、若年層の慢性的な失業問題への対応という政治的動機がありました。RNCPは、各省、労使、経済分野の公施設法人、地域圏、有資格者などから構成される職業教育訓練担当省の管轄組織「全国職業資格委員会（Commission Nationale de la Certification Professionnelle, CNCP）」によって策定、運用されており、学位・免状や職業資格の管理、整合性などの確認、資格の授与機関への提言、企業や社会への情報提供等が行われています[16]。

表3-4　フランスNQF（RNCP）の水準表[10]

EQFのレベル	RNCPのレベル	代表的な学位・免状・資格
8	Ⅰ（Bac+8）	博士号
7	Ⅰ（Bac+5）	修士号、技師資格
6	Ⅱ（Bac+3）	学士、職業学士
5	Ⅲ（Bac+2）	上級技術者免状（BTS）、技術短期大学部免状（DUT）、農業上級技術者免状（BTSA）
4	Ⅳ（Bac+0）（高校レベル）	職業免状（BP）、技術者免状（BT）、職業バカロレア、技術バカロレア
3	Ⅴ（中学レベル）	職業適性証書（CAP）、職業教育免状（BEP）
2	該当なし	
1	該当なし	

第三部　高等教育の流動性が抱える課題

　RNCPには、登録が法的に義務づけられる「無条件登録」資格と、CNCPの審査を経て登録される「申請登録」資格があり、2017年時点で、合計15,577の学位・免状・職業資格が国の枠組で管理されています[17]。「無条件登録」資格の多くは、高等教育研究省が管轄する学位・免状で、他にも職業教育訓練（Vocational Education and Training : VET）資格が該当します（図3-3）。大学は、学生が「何を学んだか」だけでなく、「身につけたコンピテンシーをいかに使えるか」という活用能力を説明し、学位・免状が社会にとっていかに有効であるかを公表しなければなりません（表3-5）。たとえば、RNCPに登録されたナント大学の学士号（歴史学）のコンピテンシー内容を例にみると「歴史的事実を説明できる、複雑な問題を分析できる、自立的またはチームで仕事ができる……＜略＞……」など、雇用可能性の観点から期待されるコンピテンシーが記述され、就業可能な職種としては、「行政機関、ジャーナリズム、公文書館、美術館、観光、文化施設」と

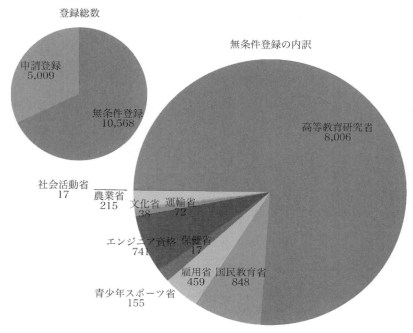

図3-3　RNCP公表資格数の内訳[17]

具体的に明記されています[18]。

表3-5　フランスNQF（RNCP）における学位・免状の登録内容[19]

1	名称
2	資格授与責任機関
3	資格署名者の身分
4	資格の水準および／または活動の分野
5	参考となる職業、仕事または職能の要約および証明されるコンピテンス要素
6	当該学位・免状、称号または証書の取得者が就業可能な業種および／または職種
7	資格取得方法
8/9	他資格との関連／欧州・国際水準の協定
10	法的根拠
11	補足情報（統計および教育訓練地を含む）

　「申請登録」資格には、公的機関、民間機関、各業界団体などの職業資格が該当し、国の審査を通ることで、当該資格が社会のお墨付きを得ることになります。そのためには、資格を取得するための訓練を通じて習得できるコンピテンシーや、その評価基準、就業可能な職種、資格保有者の職務や賃金水準等を明確にすることが求められます。RNCPに登録された資格は、関連する教育訓練を受ける際の財政支援を得ることが可能となり、継続教育の学習者や見習訓練の研修生にとって経済的メリットとなります。RNCPに登録されることが、当該資格の社会承認となり、労働市場あるいは学位・免状取得（準備）者などに対しての資格の信頼性・有効性—インテグリティ—につながり、結果的に学生の就職や流動が促されることが期待されています（表3-6）。

表3-6　フランスNQF（RNCP）の背景と特徴

- 法的に規定された国家資格枠組
- 1969年に独自の資格枠組が構築され、職業教育と学術教育の地位格差の解消に努めてきた。
- 大学の学位も一種の職業資格とみなされ、各学位に求めるコンピテンシーを雇用可能性と関連づけてRNCPに登録・公表することが義務づけられる。
- RNCPに登録される職業資格（国家資格・民間資格）は、審査を経て国に認証されたものに限定される。

第三部　高等教育の流動性が抱える課題

ドイツの国家資格枠組（DQR）

　ドイツでは、8レベルによる国家資格枠組（Deutscher Qualifikationsrahmen, DQR）が開発されました（2003年）。各学位・資格に求めるコンピテンシーの水準と内容について社会の共有化をめざすDQRは、フランスのように法的枠組によるものではありませんが、連邦教育研究省（BMBF）や州教育大臣会議（KMK）との共同事業として打ち出され、労使や産業界、教育関係者、職業訓練関係者などによって支持されています。「資格国家」といわれるドイツでは、「マイスター」などに代表されるように、職業資格は労働市場へのアクセスや昇進などに大きな効力を発揮します。資格が能力評価と強く連動している点は、フランスと比較しても、ドイツの大きな特徴と言えるでしょう。DQR開発の最大の課題は、大学の学位などの学術教育資格と職業教育資格とを相互にどのように位置づけるか、という点にありました。

　ここでドイツの高等教育制度について触れておきます。ドイツには、研究中心型の総合大学（Universität）と職業人養成型の専門大学（Fachhochschule）が存在します。専門大学は、もともと後期中等教育レベルの職業教育機関であった技師学校などを統廃合して高等教育レベルに格上げされた機関で、技術・農業・社会福祉分野などの専門人材養成を目的とする短期型高等教育機関として設立されました（1968年）。専門大学は、その数の拡大に伴い、総合大学のみに独占権があった学士・修士の学位授与権が与えられ、かつてのディプローム教育課程は、新たに学士・修士に置き換えられました（1998年）。これによって、専門大学は総合大学と共同する形で博士号を授与することも可能となりました。しかしながら、専門大学単独での博士号授与権については、総合大学、大学学長会議、ドイツ大学協会から強い反発があり、依然として、博士号授与権は総合大学のみに許されています。この点について、近年、一部の州で専門大学に博士号の学位授与権を付与しようとする動き[20]もあり、職業教育セクターが格上げされ、学術教育の学位授与権をもつなど、職業教育と学術教育セクター間の住み分けに変化が起こっています。さらに、ドイツの職業教育訓練（VET）の特徴として、「デュアルシステム」とよばれる企業内訓練と職業学校での座学教育を組み合わせた教

第 2 章 "Qualifications" とインテグリティ

育形態があります。ドイツの職業教育はアプレンティス（実習）制度に基づいて実施されることが多く、職業資格のステータスは伝統的に高いといえます。とくに、各専門を極めた「マイスター」は一定の社会的地位を保ち、大学の学士号（DQRレベル６）に相当します。また、IT戦略プロフェッショナルは、修士号（レベル７）相当に位置づけられています（表３-７、p. 162）。しかしながら、ここまでの道のりは決して平坦なものではなく、学位や資格が階層的に反映されるDQRにおいて、学術教育と職業教育の格付けをめぐり、どの資格をどの水準に位置づけるかといったセンシティブな議論は長らく続いていました。たとえば、ドイツの後期中等教育修了資格兼大学入学資格のアビトゥアについて、他の職業資格と同水準（レベル４）に位置づけるべきと考える労使と、学士課程（レベル６）との連続性を考えるとレベル５を妥当とする州教育大臣会議（KMK）との対立が最近まで続いていました。アビトゥアをレベル５にすることで職業資格（VET初期資格はレベル３、４）が低く位置づけられ、学術教育と職業教育との同等性が保たれないことへの産業界の強い懸念[22,23]に伴い、アビトゥアは、後期中等教育終了資格（Allgemeine Hochschulreife）としてレベル４に位置づけることが合意されました（2017年）。ただ、学位と職業資格の接続についても課題は残されており、たとえば学士相当のマイスター資格（レベル６）が、大学の修士課程（レベル７）の入学要件を満たすわけではありませんし、逆に実務訓練がなく学校教育だけを修了した者が職業資格を受験することについても慎重な声があがっています[24]。他方で、学術教育と職業教育がこれまで別々に運営されてきたドイツにおいて、学位や資格が同じテーブル上にマッピングされたことで、どのような資格が存在し、いかなる学習成果が期待され、当資格でもって入学や編入に必要な要件は何か、海外ではどのレベルに相当するかなど、これまで不透明だった内容が整理され、ドイツ国内外の学習者、教育機関、産業界などにとって有益な情報を提供している点について、DQRは意義があるといえるでしょう（表３-８、p. 162）。近年の調査[21]では、とくにマンパワーが限られるドイツの中小企業の人事採用や人材開発において、DQRが活用されている事例が報告されており、能力評価の参照ツールとしての役割が期待されます。

第三部 高等教育の流動性が抱える課題

表3-7 ドイツNQF（DQR）の水準表[21]

EQFの レベル	DQRの レベル	代表的な学位・資格
8	8	博士
7	7	修士、IT戦略プロフェッショナル
6	6	学士、マイスター、商業スペシャリスト、経営管理スペシャリスト、IT実務スペシャリスト、ファッハシューレ-高等職業学校
5	5	ITスペシャリスト、サービステクニシャン
4	4	デュアルVET（3/3.5年）、後期中等教育修了資格（Allgemeine Hochschulreife）
3	3	デュアルVET（2年）、実科学校（レアルシューレ）第10学年修了資格
2	2	職業訓練準備、若者対象導入訓練、全日制職業学校、基礎職業訓練
1	1	職業訓練準備

表3-8 ドイツNQF（DQR）の背景と特徴

・ステークホルダー間の協議による法的拘束力をもたない資格枠組
・各学位・資格のコンピテンシーの明確化
・学術教育資格と職業教育資格との相互位置づけが論点
・資格と能力評価（雇用・昇進）との強い連動
・中小企業などでDQRが雇用や人材開発に活用されている事例が報告されている。

アメリカ合衆国の国家資格枠組：Credentials Framework（CF）

　これまでNQFを有していないのは、主要国では、日本とアメリカ合衆国のみとされてきました[10]。しかし、合衆国では、NQFの考え方に類する資格枠組がルミナ財団（Lumina Foundation）によって構築されつつあり、高等教育を対象とする「Degree Qualifications Profile（DQP）」の策定（2011年）に続き、職業資格などを包含した総合型枠組「Credentials Framework（CF）」のベータ版が発表されました（2015年）。この背景には、合衆国でも増大化する資格（credentials：たとえば、学位、サーティフィケイト、ディプロマ、免許、デジタルバッジなど）が、学習者や雇用者に理解されにくいという欧州同様の問題が指摘されています。その上、教育訓練と労働市場とのミスマッチ問題もあり、ある調査[7]では、合衆国大手企業126社の

CEOの97％が、資格名から期待する能力と採用後に感じる実際の能力とのギャップを問題視していることが明らかになっています。

　合衆国における雇用と学位の関係に関する調査[25]によると、今後これまでにない新しい職種が出現し、2020年までには5,500万の求人があり（うち2,400万は新規職種、3,100万は団塊世代の退職によるもの）、その65％が中等後教育以後の学位や資格を必要とすることが予測されています。別の問題として、現在、労働に従事する成人の多くが信用ある職業教育訓練を受けてきたにもかかわらず、たとえば、それが単位の付与されないサーティフィケイトなどの場合、中等後教育資格として社会に認知されないケースが多くあります。このような実態を踏まえ、今後、合衆国国民の中等後教育資格保有率を高めたいのであれば、非単位資格であってもコンピテンシーの獲得証明によって学術単位に換算できるような基準や手続きを示す国の資格枠組が必要であるという声があがっています。このようなアメリカ版NQF策定への要望は、主に産業団体から発せられています。近年、合衆国では、教育訓練に費やした学習時間ではなく、獲得したコンピテンシーに対して単位や修了書を授与する「コンピテンシー基盤型教育」という考え方が注目されています。開発が進められているCF[26]は、各資格について産業界と学術界の双方が理解できるコンピテンシーを用い、「当該資格保有者が何を知り、何ができるのか」を説明するものとなっています。CFのアウトカム指標は、知識とスキルに大別され、さらにスキルには、専門スキル・パーソナルスキル・社会スキルと三つに分類されています。パーソナルスキルおよび社会スキルは、専門分野や職種を問わず広範囲なものです。CFの策定にあたって、ルミナ財団は、EQFやイギリス、ドイツ、オーストラリア、カナダなど諸外国の既存の枠組を参照したほか、合衆国国内の取組（ルミナ財団のDQFやチューニング、Employability Skills Frameworkなどの産業界の枠組など）も加味し、さらには大学、産業界、アクレディテーション機関や資格団体などの協議内容も取り入れました[27]。このCFは、法的拘束力をもたない任意のツールで、学位やサーティフィケイトなどあらゆる資格を説明する知識・スキルの分類やレベルを理解し、比較可能とする参照基準枠組として、教育訓練プログラムの設計者、教育者、資格授与者、人事担当者、職業団体など

第三部　高等教育の流動性が抱える課題

に活用されることが期待されています（表3-9）。試行版として発信されて間もないCFですが、具体的にどのような場面で活用されるか今後注視していく必要があるでしょう。

表3-9　アメリカNQF（CF）の背景と特徴

- 非政府組織ルミナ財団主導による、大学・産業界・アクレディテーション機関・資格団体などのステークホルダー間の合意にもとづく資格枠組
- 2020年までにアメリカの労働市場の65％が高卒以後の学位・資格を採用条件とする実態を踏まえ、産業界から国レベルの資格枠組構築への要請
- カオス化する学位・資格（credentials）情報の整理、雇用者と教育訓練間におけるスキルギャップの解消、非単位資格を学術単位に振り替えるためのコンピテンシーに基づく資格枠組み策定の必要性

第4節　日本への示唆

　NQFの導入背景やその役割、課題について、フランス・ドイツ・アメリカ合衆国の事例から浮かび上がる論点をコラム3-3にまとめました。NQFの開発動機について、いずれの国にも共通しているのは、国内に散在する学位、称号、免状、証書、職業資格の内容や相互の関係性がわかりにくいという「資格のインフレーション問題」から出発している点です。その解決の糸口として、コンピテンシーを基盤としたアプローチが取られていますが、雇用者側と教育訓練側との間に大きな乖離がないよう、産業界や大学、資格団体、評価団体など多様なステークホルダー間の協議の上で各資格に求めるコンピテンシーの策定が進められている点は注視すべきです。どちらか一方のセクターのみが求めるコンピテンシーでは、資格枠組の信頼性や公平性など、インテグリティが確保できないことにつながります。最後に日本への示唆として、以下に触れたいと思います。

学習成果を社会が共有するためのツール

　NQFは、各学位・資格の相互の位置づけと、それぞれに期待する学習成果を明示化することで、社会が共有できる資格の付加価値を説明するものです。学位や資格の出口管理不在が指摘される日本の高等教育において、当該資格の保有者に求める学習成果は、教育機関側の一方的な意図だけで完結す

> **コラム3-3**
>
> 日本版NQF導入のための論点
> ①コンピテンシーに基づく学位・資格情報の明確化
> ②コンピテンシーの策定をめぐるステークホルダー間の合意形成
> ③学術教育資格と職業教育資格との相互関連性

るのではなく、学習者、労働市場、評価機関、業界団体など、社会を構成する複数のステークホルダーが議論し共有できるひとつのプラットフォームとして機能することが求められます。

注目される職業教育

　職業教育の資格の種類や数が近年増大しているのは、世界的な傾向です。学術教育資格と職業教育資格との住み分けをいかに調整するかという点については、フランスは1969年の資格枠組設立時に学術と職業の両セクターにおける資格間の相互関係性を明確にしたことで、大きな混乱はありませんでした。ドイツのDQRやアメリカ合衆国のCFでは、今まさにその議論が行われていると言えます。NQFについては、一般的に学術教育よりも格下とみなされてきた職業教育の社会的ステータスの向上を図るもの、そして職業教育と学術教育との「評価の同等性（parity of esteem）」を保つことへの期待があります。日本でも、これまで十分に語られてこなかった職業教育（あるいは職業志向型教育）に求める学習成果や、学術教育との相互関係性を改めて見直す上でも、NQFの考え方は有益といえるでしょう。

いつでも学び続けられる社会をめざして

　「学び続ける社会」が掲げられている日本において、現在の状況を見渡しますと、一度社会に出た人材が再び学校に戻り学び直しができる環境、つまり教育―労働市場間を自由に行き来できる柔軟な条件が十分に整っているとはいえません。その理由として、日本は、欧米とは異なり、企業内で人材育成を行う内部労働市場型かつ終身雇用型の雇用形態であり、学位や資格そのものが雇用や昇進などに大きな影響を及ぼすシステムにはなっていないと説明されます（第一部第1章第2節表1-3、p. 6）。一方で、今後、日本国民の平均寿命は延び続け、また少子高齢化の加速化による労働力不足と海外

からの人材流動が避けられなくなる中で、果たしてこの日本型の伝統体制が今後不変のままであると言い切れるでしょうか。人々の多様な生き方を見据え、職業―教育間の行き来、また国内外のモビリティが今よりも活発になることを鑑みますと、各個人がもつ学位・資格の信頼性・誠実性・透明性―インテグリティ―を証明する場面が必然となり、それを支える資格枠組を検討することは喫緊の課題といえます。

《注》
（1） 川口昭彦（専門職高等教育質保証機構編）『高等職業教育質保証の理論と実践』専門学校質保証シリーズ、ぎょうせい　2015年　pp. 116-122
（2） 一般的に、ヨーロッパではcompetence（コンピテンス）、アメリカではcompetency（コンピテンシー）とよぶ。本書では「コンピテンシー」を使うが、文献を引用する場合には、そのまま記述する。
（3） OECD（2007）Qualifications systems: Bridges to lifelong learning. http://www.oecd.org/education/skills-beyond-school/38465471.pdf
（4） EQFは、2008年に策定され、2017年に改訂された。詳細は以下を参照：The Council of the European Union（2017）Council recommendation of 22 May 2017 on the European Qualifications Framework for lifelong learning and repealing the recommendation of the European Parliament and of the Council of 23 April 2008 on the establishment of the European Qualifications Framework for lifelong learning. https://ec.europa.eu/ploteus/sites/eac-eqf/files/en.pdf
（5） Lauder, H.（2013）Education, economic globalisation and national qualifications frameworks, pp. 7-16, In Young, M. and Allais S.M.（Eds.）Implementing national qualifications frameworks across five continents. Routledge, London
（6） Allais, S.（2014）Selling out education: National qualifications frameworks and the neglect of knowledge. Sense publishers, Rotterdam
（7） Lumina Foundation（2015）Diverse Group of National Organizations Launches Dialogue Aimed at Transforming America's System of Postsecondary Credentials. https://www.luminafoundation.org/news-and-views/diverse-group-of-national-organizations-launches-dialogue-aimed-at-transforming-americas-system-of-postsecondary-credentials
（8） Bohling, S.（2008）Competences as the core element of the European Qualifications Framework. European journal of vocational training no. 43, pp. 96-112
（9） CEDEFOP（European Centre for the Development of Vocational Training）（2014）Qualifications at level 5: progressing in a career or to higher education.

European Centre for the Development of Vocational Training. Publications Office of the European Union, Luxembourg

(10) CEDEFOP (2015) National qualifications framework developments in Europe, Anniversary edition. European Union, Luxembourg

(11) 労働政策研究・研修機構（2012）「諸外国における能力評価制度―英・仏・独・米・中・韓・EUに関する調査―」https://www.jil.go.jp/institute/siryo/2012/102.html

(12) 岩田克彦（2014）「日本版資格枠組の早期構築に向けて―資格枠組構築は、人材育成上の多くの課題解決の結節点―」職業能力開発研究誌　30（1）135-143

(13) UNESCO Institute for Lifelong Learning, ETF, & CEDEFOP. (2015) Global inventory of regional and national qualifications frameworks, Vol II: National and regional cases.

(14) Castejon, at al., (2011) Developing qualifications frameworks in the EU partner countries: Modernising education and training. European Training Foundation (ETF). Anthem Press, UK & USA

(15) CIEP (Centre International d'Études Pédagogiques) (2015) The use or potential use of QFs by HEIs and other stakeholders linked to mobility, Final report. CIEP, Léon-Journault

(16) 野田文香（2017）「フランスの高等教育における分野別コンピテンス育成をめぐる国家資格枠組（NQF）の役割と機能」大学教育学会誌　39（2）76-84

(17) CNCP (Commission Nationale de la Certification Professionnelle) (2017) Rapport au Premier ministre 2017. CNCP, Paris

(18) CPNCP (2014) Guide d'élaboration de la fiche RNCP pour les diplômes nationaux universitaires enregistrés de droit. CNCP, Paris

(19) RNCP (Le Répertoire National des Certifications Professionnelles) (2017) Résumé descriptif de la certification. http://www.rncp.cncp.gouv.fr/grand-public/ visualisationFiche?format=fr&fiche=10435

(20) 文部科学省（2016）『諸外国の教育動向　2015年度版』明石書店

(21) CEDEFOP (2018) National qualifications framework developments in Europe 2017. Publications Office of the European Union, Luxembourg

(22) Broek, S. et al (2012) Directorate-general for internal policies: Policy department B: structural and cohesion policies. State of play of the European qualifications framework implementation. European Parliament

(23) ICF GHK (2013) Evaluation of the implementation of the European Qualifications Framework Recommendation. Final report. ICF GHK, Brussels

(24) 山内麻理（2016）「ドイツ職業教育訓練制度の進化と変容―二極化とハイブリッド

化の兆し―」日本労務学会誌17（2）37-55
(25) Carnevle, A.P. et. al（2013）Recovery: Job growth and education requirements through 2020. Georgetown University, Georgetown Public Policy Institute, Center Education and the Workforce. http://cew.georgetown.edu/recovery2020
(26) Lumina Foundation（2015）Connecting credentials: A beta credentials framework : Building a system for connecting diverse credentials. Lumina Foundation, Indianapolis
(27) Rein, V.（2016）Making an American credentials framework: Intentions, construction, challenges, perspectives. https://bibb.academia.edu/VolkerRein

参考文献・資料

基本的な資料

- 川口昭彦著、独立行政法人大学評価・学位授与機構編集『大学評価文化の展開―わかりやすい大学評価の技法』大学評価・学位授与機構大学評価シリーズ、ぎょうせい、2006年
- 独立行政法人大学評価・学位授与機構編著『大学評価文化の展開―高等教育の評価と質保証』大学評価・学位授与機構大学評価シリーズ、ぎょうせい、2007年
- 独立行政法人大学評価・学位授与機構編著『大学評価文化の展開―評価の戦略的活用をめざして』大学評価・学位授与機構大学評価シリーズ、ぎょうせい、2008年
- 川口昭彦著、独立行政法人大学評価・学位授与機構編集『大学評価文化の定着―大学が知の創造・継承基地となるために』大学評価・学位授与機構大学評価シリーズ、ぎょうせい、2009年
- 独立行政法人大学評価・学位授与機構編著『大学評価文化の定着―日本の大学教育は国際競争に勝てるか？』大学評価・学位授与機構大学評価シリーズ、ぎょうせい、2010年
- 独立行政法人大学評価・学位授与機構編著『大学評価文化の定着―日本の大学は世界で通用するか？』大学評価・学位授与機構大学評価シリーズ、ぎょうせい、2014年
- 独立行政法人大学改革支援・学位授与機構編著『グローバル人材教育とその質保証―高等教育機関の課題』大学改革支援・学位授与機構高等教育質保証シリーズ、ぎょうせい、2017年
- 川口昭彦著、一般社団法人専門職高等教育質保証機構編『高等職業教育質保証の理論と実践』専門学校質保証シリーズ、ぎょうせい、平成27年

独立行政法人　大学改革支援・学位授与機構ウェブサイト

　　URL：http://www.niad.ac.jp

　　　　評価事業関係ウェブサイト

　　　　　　　　　　　　http://www.niad.ac.jp/n_hyouka/

　　　　調査研究関係ウェブサイト

　　　　　　　　　　　　http://www.niad.ac.jp/n_chousa/

　　　　出版物関係ウェブサイト

　　　　　　　　　　　　http://www.niad.ac.jp/publication/

　　　　質保証・国際連携ウェブサイト

　　　　　　　　　　　　https://www.niad.ac.jp/consolidation/

一般社団法人　専門職高等教育質保証機構ウェブサイト

　　URL：http://qaphe.com

学校が所属する学生を処分できる法的根拠

学校教育法

第十一条　校長及び教員は、教育上必要があると認めるときは、文部科学大臣の定めるところにより、児童、生徒及び学生に懲戒を加えることができる。ただし、体罰を加えることはできない。

学校教育法施行規則

第二十六条　校長及び教員が児童等に懲戒を加えるに当つては、児童等の心身の発達に応ずる等教育上必要な配慮をしなければならない。

2　懲戒のうち、退学、停学及び訓告の処分は、校長（大学にあつては、学長の委任を受けた学部長を含む。）が行う。

3　前項の退学は、公立の小学校、中学校（学校教育法第七十一条の規定により高等学校における教育と一貫した教育を施すもの（以下「併設型中学校」という。）を除く。）、義務教育学校又は特別支援学校に在学する学齢児童又は学齢生徒を除き、次の各号のいずれかに該当する児童等に対して行うことができる。

一　性行不良で改善の見込がないと認められる者
二　学力劣等で成業の見込がないと認められる者
三　正当の理由がなくて出席常でない者
四　学校の秩序を乱し、その他学生又は生徒としての本分に反した者

4　第二項の停学は、学齢児童又は学齢生徒に対しては、行うことができない。

5　学長は、学生に対する第二項の退学、停学及び訓告の処分の手続を定めなければならない。

大学設置基準

（成績評価基準等の明示等）

第二十五条の二　大学は、学生に対して、授業の方法及び内容並びに一年間の授業の計画をあらかじめ明示するものとする。

2　大学は、学修の成果に係る評価及び卒業の認定に当たつては、客観性及び厳格性を確保するため、学生に対してその基準をあらかじめ明示すると

ともに、当該基準にしたがつて適切に行うものとする。
　（教育内容等の改善のための組織的な研修等）
第二十五条の三　［略］
　（昼夜開講制）
第二十六条　［略］
　（単位の授与）
第二十七条　大学は、一の授業科目を履修した学生に対しては、試験の上単位を与えるものとする。ただし、第二十一条第三項の授業科目については、大学の定める適切な方法により学修の成果を評価して単位を与えることができる。

【参　考】
第二十一条
3　前項の規定にかかわらず、卒業論文、卒業研究、卒業制作等の授業科目については、これらの学修の成果を評価して単位を授与することが適切と認められる場合には、これらに必要な学修等を考慮して、単位数を定めることができる。

あとがき

　日本の高等教育は、高等学校新規卒業者の50％以上が大学に入学していますから、ユニバーサル段階に突入しています。エリート段階と比較して、学生の学習歴やニーズ（教育に期待するものや目的観など）が非常に多様になっています。

　現在の社会では、第四次産業革命（情報革命、AI革命）が目覚ましい速度で進行しています。知識や技術は日進月歩の進化を続け、産業の高度化も急速に進んでいます。新しい産業・職業が次々と生まれる一方で、今ある職業の多くが、近い将来、新しい職業に入れ替わっていくことを想定しなければなりません。さらに、多くの仕事がコンピュータに置き換えられ、人が担う仕事の領域も変貌していくことは、疑いの余地はありません。このような社会の変化は、高等教育の内容・方法までも多様化を求めています。

　国内外の機関間や異なる教育セクター間の学生移動が、非常に多くなっており、高等教育にとって、多様性とともに、流動性も非常に重要な要素です。また、わが国では、少子高齢化が急速に進み、人生100年時代を迎えています。キャリア初期に身につけた専門知識やスキルだけでは、長い勤労人生を生き抜くことは難しくなってきています。長い人生の間には、多くの変化・選択を経験することになり、多様な選択肢を持っていることの価値が高まります。したがって、生涯に複数のキャリアを持つことが不可欠となります。長い人生を生産的に活動するために、生涯を通じて、生き方、働き方を柔軟に修正する能力を持ち続けることが肝要です。このために、リカレント教育が、高等教育機関にとって重要な課題となっています。

　社会環境が激変し、高等教育に対する期待が高まるにつれて、高等教育機関は目先の課題の対応に追われるようになっています。しかしながら、高等教育には数十年先の社会を支える人材を育成する責任があり、将来を見据えた教育研究を推進することが期待されています。このためには、高等教育機関としての矜持をもって、教育研究を推進する必要があります。「矜持」とは、教育研究（学術）の基礎（倫理）と学術的に誠実な立場（学術的誠実

性)です。本書が、各機関の構成員が、それぞれが推進している教育研究の倫理と学術的誠実性を認識し、将来の社会に貢献する人材を育成するための教育研究活動の一助となることを期待しています。

　本書を発刊するにあたって、大学改革支援・学位授与機構の研究開発部と評価事業部の教職員の方々、機構外の多くの方々のご協力をいただきました。心からお礼申し上げます。また、機会あるごとに、貴重なご意見をいただいた、機構の評議員、運営委員、評価担当者の方々にも感謝の意を表したいと思います。最後に、本書を出版するにあたり、㈱ぎょうせいにはお世話になり、心よりお礼申し上げます。

執筆者等一覧

川口　昭彦（顧問・名誉教授）　　　　　　　まえがき、第一部第1章、
　　　　　　　　　　　　　　　　　　　　　あとがき
渋井　　進（研究開発部・准教授）　　　　　第三部第1章
土屋　　俊（研究開発部・特任教授）　　　　第二部
野田　文香（研究開発部・客員准教授、　　　第三部第2章
　　　　　　東北大学高度教養教育・学
　　　　　　生支援機構・准教授）
長谷川壽一（理　　事）　　　　　　　　　　編集協力
福田　秀樹（機構長）　　　　　　　　　　　編集協力

<u>インタビュー</u>
佐々木　毅（元東京大学総長）　　　　　　　第一部第3章
鈴木典比古（公立大学法人国際教養大学　　　第一部第4章
　　　　　　理事長・学長、前国際基督
　　　　　　教大学学長）
吉川　弘之（国立研究開発法人科学技術　　　第一部第2章
　　　　　　振興機構研究開発戦略セン
　　　　　　ター特任フェロー、元東京
　　　　　　大学総長）

大学改革支援・学位授与機構高等教育質保証シリーズ
高等教育機関の矜持と質保証　多様性の中での倫理と学術的誠実性

2019年9月30日　第1刷発行

　　　編　著　（独）大学改革支援・学位授与機構

　　　印　刷
　　　発　行　株式会社 ぎょうせい

　　　　　　　〒136-8575　東京都江東区新木場1-18-11
　　　　　　　電　話　編集　03-6892-6508
　　　　　　　　　　　営業　03-6892-6666
　　　　　　　　　　フリーコール　0120-953-431
　　　　　　　　　　URL：https://gyosei.jp

〈検印省略〉

※乱丁・落丁本はお取り替えいたします。　　ⓒ2019 Printed in Japan
ISBN978-4-324-10705-8
（5108552-00-000）
〔略号：教育質保証（矜持）〕